Impressum
Verlag: BABADADA GmbH, Nedderfeld 112 , 22529 Hamburg
Geschäftsführer / Verlagsleitung: Harald Hof
Druck: Books on Demand GmbH, In de Tarpen 42, 22848 Norderstedt

Imprint
Publisher: BABADADA GmbH, Nedderfeld 112 , 22529 Hamburg, Germany
Managing Director / Publishing direction: Harald Hof
Print: Books on Demand GmbH, In de Tarpen 42, 22848 Norderstedt

المدرسة
l'école

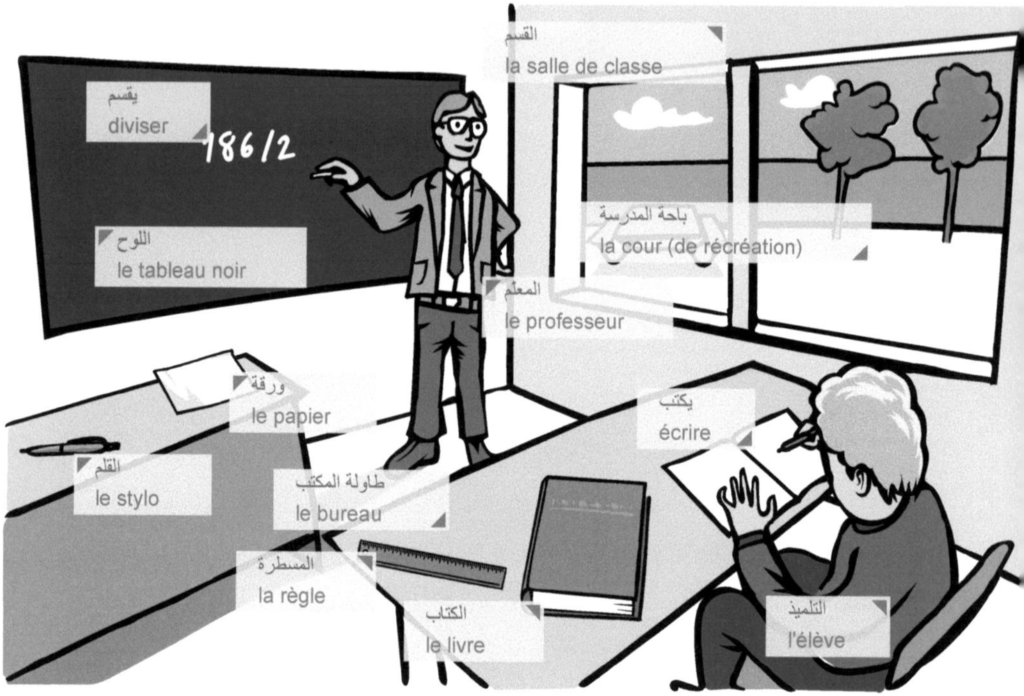

القسم
la salle de classe
يقسم
diviser
186/2
اللوح
le tableau noir
باحة المدرسة
la cour (de récréation)
المعلّم
le professeur
ورقة
le papier
يكتب
écrire
القلم
le stylo
طاولة المكتب
le bureau
المسطرة
la règle
الكتاب
le livre
التلميذ
l'élève

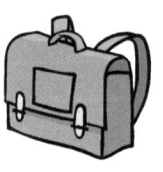

الحقيبة المدرسية
....
le cartable

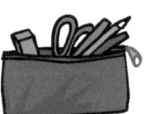

المقلمة
....
la trousse

قلم الرصاص
....
le crayon

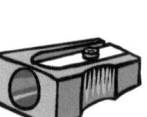

البرّاية
....
le taille-crayon

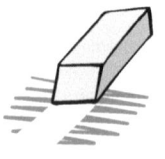

الممحاة
....
la gomme

دفتر الرسم
....
le carnet à dessin

الرسمة
....
le dessin

الفرشاة
....
le pinceau

علبة التلوين
....
la boîte de peinture

المقص
....
les ciseaux

المادة اللاصقة
....
la colle

دفتر التمارين
....
le cahier d'exercices

الواجب المدرسي
....
les devoirs

الرقم
....
le chiffre

يجمع
....
additionner

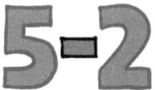

يطرح
....
soustraire

يضرب
....
multiplier

يحسب
....
calculer

الحرف
....
la lettre

الأبجدية
....
l'alphabet

كلمة
....
le mot

النص

le texte

يقرأ

lire

الطبشور

la craie

الحصة

la leçon

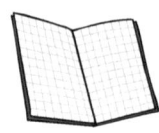

دفتر الدوام المدرسي

le livre de classe

الامتحان

l'examen

شهادة

le certificat

اللباس المدرسي

l'uniforme scolaire

التعليم

la formation

الموسوعة

le lexique

الجامعة

l'université

المجهر

le microscope

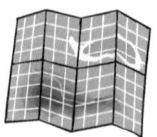

الخريطة

la carte

قماما

la corbeille à papier

سفر
le voyage

Grand
فندق
l'hôtel
بيت الشباب
l'auberge
ROOMS
مكتب صرافة
le bureau de change
CHANGE
حقيبة
la valise
سيارة
la voiture

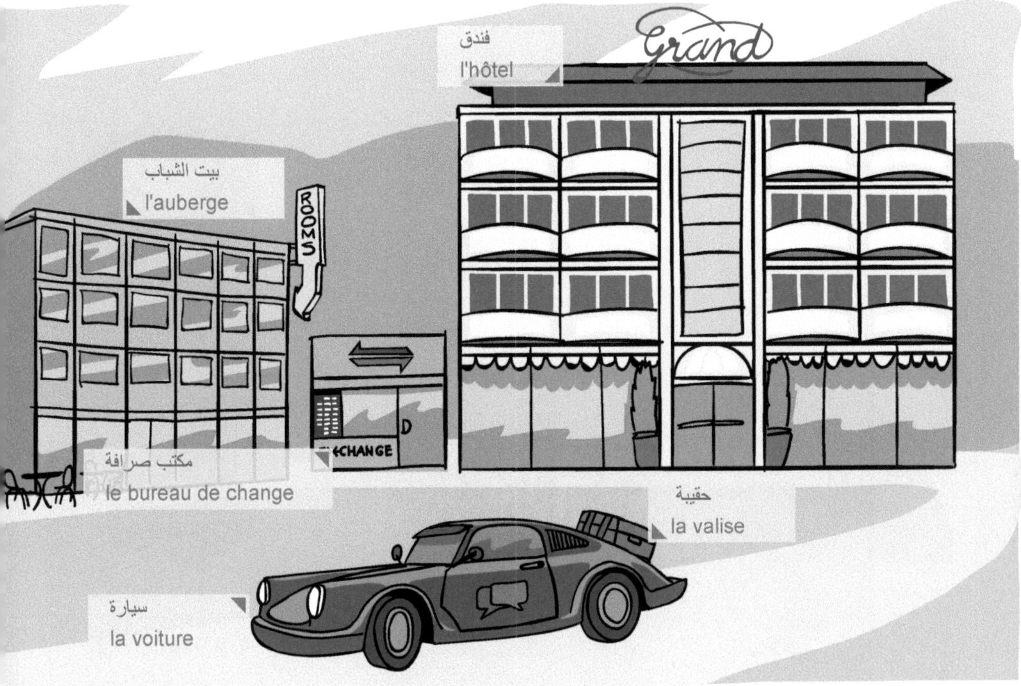

اللغة
la langue

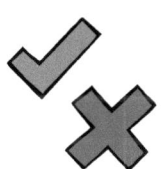

نعم / لا
oui / non

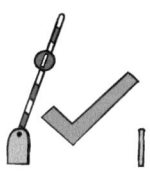

حسناً
d'accord

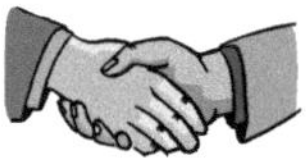

مرحبا
Salut

مترجم
l'interprète

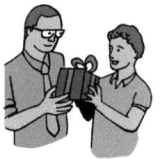

شكراً
merci

كم ثمن ... ؟

Combien coûte...?

لا أفهم

Je ne comprends pas

مشكلة

le problème

مساء الخير

Bonsoir !

صباح الخير!

Bonjour !

ليلة سعيدة

Bonne nuit !

إلى اللقاء

Au revoir

اتجاه

la direction

أمتعة السفر

les bagages

حقيبة

le sac

حقيبة ظهر

le sac-à-dos

ضيف

l'hôte

غرفة

la pièce

كيس للنوم

le sac de couchage

خيمة

la tente

استعلامات سياحية

l'office de tourisme

شاطئ

la plage

بطاقة ائتمان

la carte de crédit

إفطار

le petit-déjeuner

طعام الغداء

le déjeuner

العشاء

le dîner

بطاقة سفر

le billet

مصعد

l'ascenseur

طابع بريدي

le timbre

حدود

la frontière

الجمارك

la douane

سفارة

l'ambassade

تأشيرة

le visa

جواز سفر

le passeport

انقل

le transport

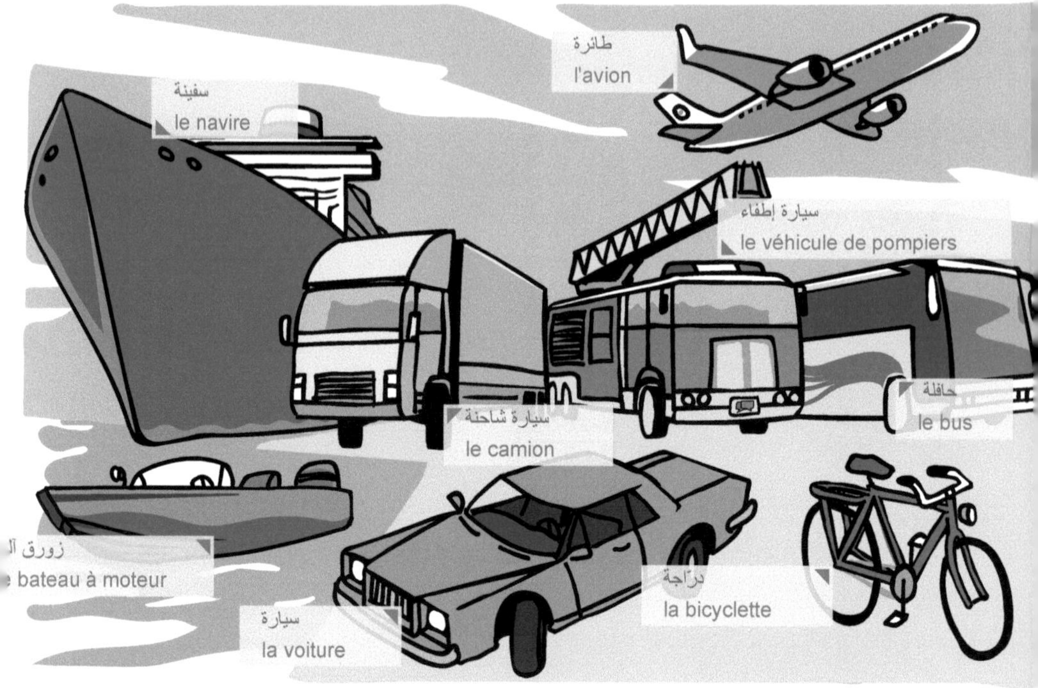

طائرة
l'avion

سفينة
le navire

سيارة إطفاء
le véhicule de pompiers

حافلة
le bus

سيارة شاحنة
le camion

زورق آ
bateau à moteur

سيارة
la voiture

درّاجة
la bicyclette

عبارة
le ferry

قارب
la barque

درّاجة نارية
la moto

سيارة شرطة
la voiture de police

سيارة سباق
la voiture de course

سيارة مستأجرة
la voiture de location

أسلوب تشاركي في استئجار السيارات

l'auto-partage

سيارة للجر

la voiture de remorquage

سيارة نقل القمامة

la benne à ordures

محرك

le moteur

وقود

l'essence

محطة وقود

la station d'essence

إشارة مرور

le panneau indicateur

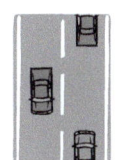

حركة السير

le trafic

ازدحام سير

l'embouteillage

موقف سيارات

le parking

محطة قطار

la gare

سكك حديدية

les rails

قطار

le train

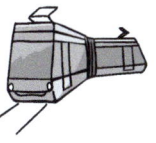

ترام

le tramway

عربة قطار

le wagon

طائرة مروحية

l'hélicoptère

مطار

l'aéroport

برج

la tour

مسافر

le passager

حاوية

le conteneur

علبة كرتون

le carton

عربة يد

le chariot

سلة

la corbeille

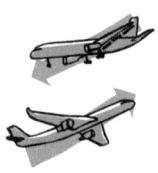

يقلع / يهبط

décoller / atterrir

مدينة

la ville

قرية

le village

مركز المدينة

le centre-ville

بيت

la maison

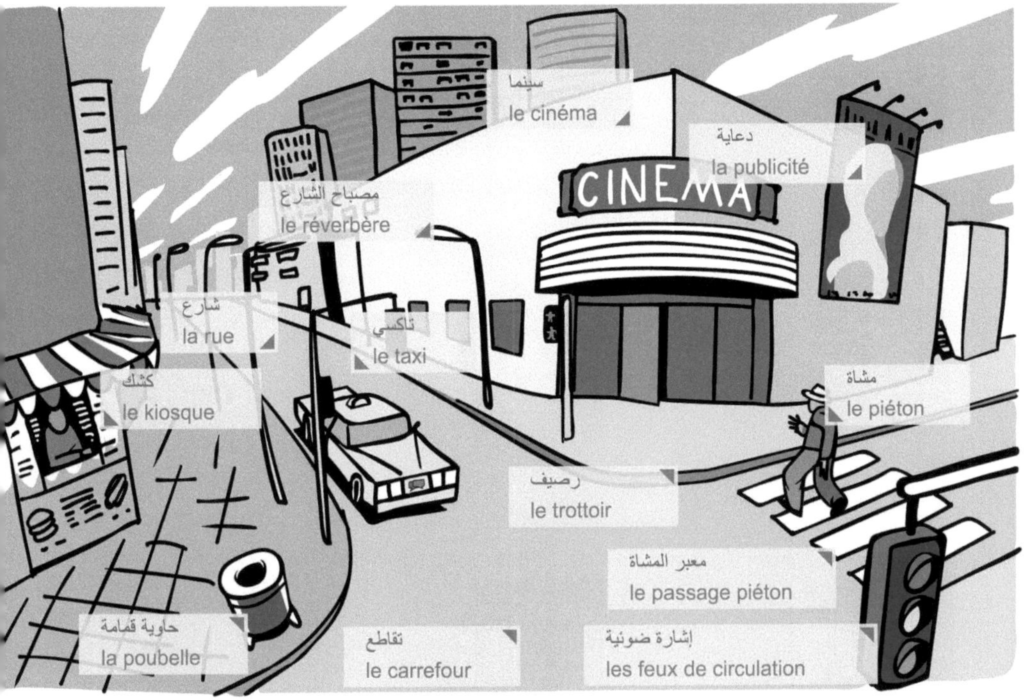

سينما
le cinéma
دعاية
la publicité
CINEMA
مصباح الشارع
le réverbère
شارع
la rue
تاكسي
le taxi
كشك
le kiosque
مشاة
le piéton
رصيف
le trottoir
معبر المشاة
le passage piéton
حاوية قمامة
la poubelle
تقاطع
le carrefour
إشارة ضوئية
les feux de circulation

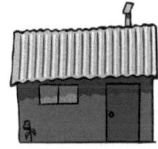

كوخ

la cabane

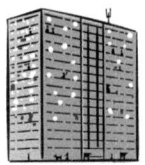

شقة

l'appartement

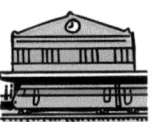

محطة قطار

la gare

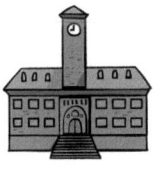

دار البلدية

la mairie

MUSEUM

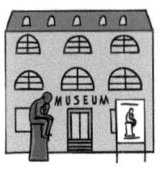

متحف

le musée

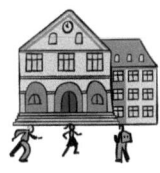

المدرسة

l'école

الجامعة

l'université

مصرف

la banque

المستشفى

l'hôpital

فندق

l'hôtel

صيدلية

la pharmacie

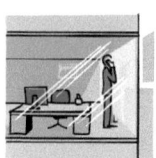

مكتب

le bureau

مكتبة

la librairie

متّجر

le magasin

محل لبيع الزهور

le fleuriste

سوبرماركت

le supermarché

سوق

le marché

متجر كبير

le grand magasin

تاجر السمك

la poissonnerie

مركز تسوّق

le centre commercial

ميناء

le port

حديقة عامة
....
le parc

مقعد
....
la banque

جسر
....
le pont

درج، سلم
....
les escaliers

مترو
....
le métro

نفق
....
le tunnel

موقف حافلات
....
l'arrêt de bus

بار
....
le bar

مطعم
....
le restaurant

صندوق البريد
....
la boîte à lettres

لافتة باسم الشارع
....
le panneau indicateur

مقياس زمن الوقوف
....
le parcmètre

حديقة حيوانات
....
le zoo

مسبح
....
le réverbère

مسجد
....
la mosquée

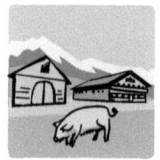

مزرعة

la ferme

تلوث البيئة

la pollution

مقبرة

la cimetière

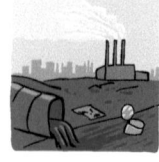

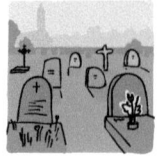

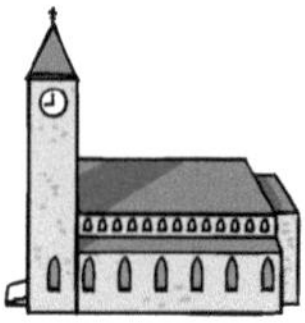

كنيسة

l'église

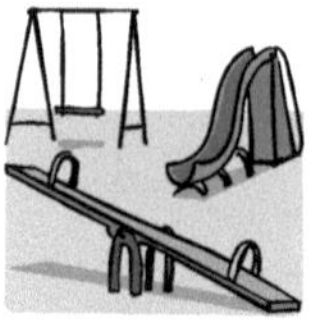

ملعب الأطفال

l'aire de jeux

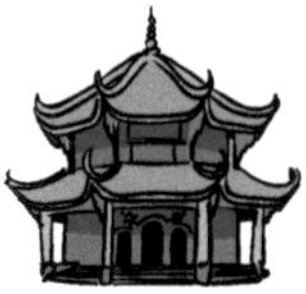

معبد

le temple

طبيعة ريفية

le paysage

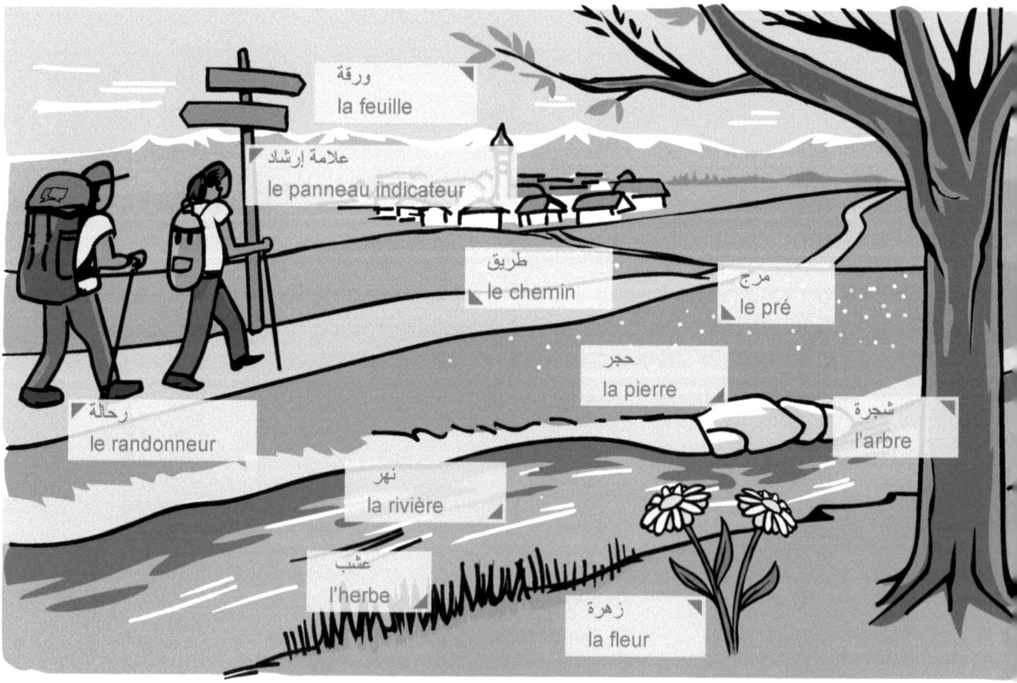
ورقة
la feuille
علامة إرشاد
le panneau indicateur
طريق
le chemin
مرج
le pré
حجر
la pierre
رحالة
le randonneur
شجرة
l'arbre
نهر
la rivière
عشب
l'herbe
زهرة
la fleur

وادٍ

la vallée

جبل

la montagne

بحيرة

le lac

غابة

la forêt

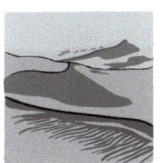

صحراء

le désert

بركان

le volcan

قلعة

le château

قوس قزح

l'arc-en-ciel

فطر

le champignon

نخلة

le palmier

بعوض

le moustique

ذبّانة

la mouche

نملة

les fourmis

نحلة

l'abeille

عنكبوت

l'araignée

خنفساء

le coléoptère

ضفدعة

la grenouille

سنجاب

l'écureuil

قنفذ

le hérisson

أرنب

le lièvre

بومة

la chouette

عصفور

l'oiseau

بجعة

le cygne

خنزير برّي

le sanglier

غزال

le cerf

إلكة

l'élan

سد

le barrage

دولاب الطاحونة الهوائية

l'éolienne

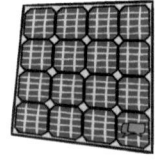

خلية شمسية

le panneau solaire

مناخ

le climat

مطعم
le restaurant

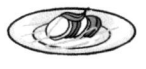

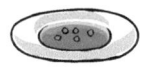

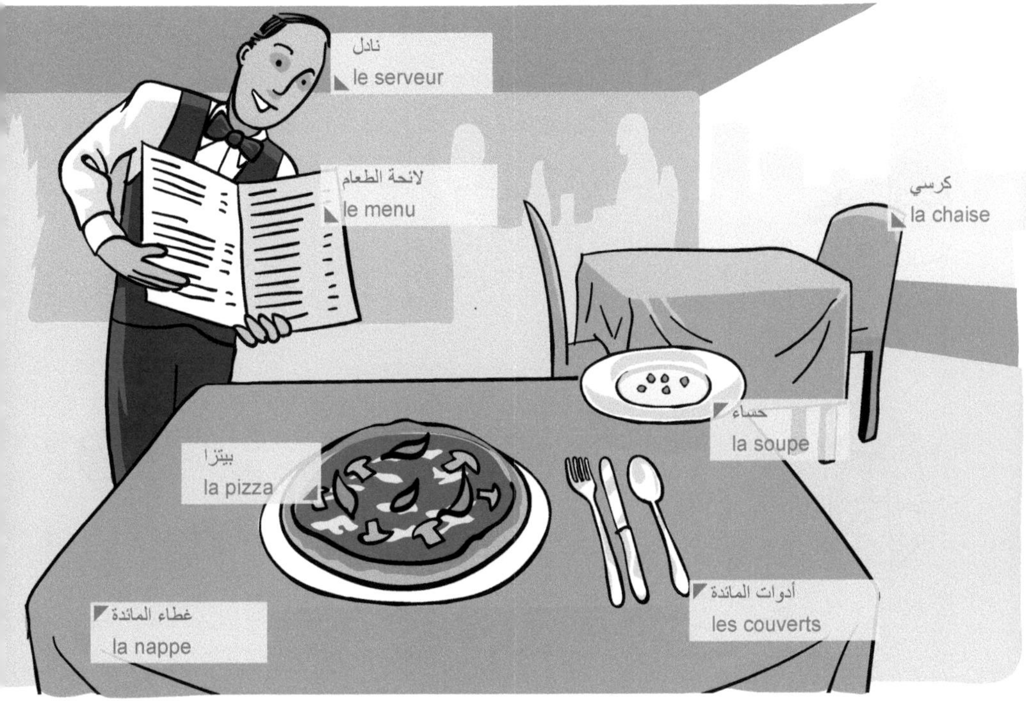

نادل
le serveur
لائحة الطعام
le menu
كرسي
la chaise
حساء
la soupe
بيتزا
la pizza
أدوات المائدة
les couverts
غطاء المائدة
la nappe

مقبلات

les hors d'œuvre

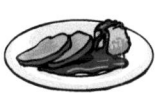

الصحن الرئيسي

le plat principal

حلوى أو فاكهة بعد الطعام

le dessert

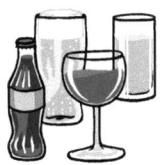

مشروبات

les boissons

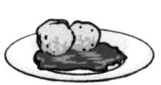

طعام

l'alimentation

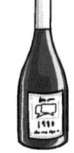

زجاجة

la bouteille

وجبات سريعة

le fast-food

طعام الشارع

les plats à emporter

إبريق الشاي

la théière

علبة السكر

le sucrier

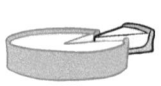

حصّة

la portion

آلة الإسبريسو

la machine à expresso

كرسي عالٍ

la chaise haute

فاتورة

la facture

صينية

le plateau

سكين

le couteau

شوكة

la fourchette

ملعقة

la cuillère

ملعقة الشاي

la cuillère à thé

منديل المائدة

la serviette

كأس

le verre

مطعم - le restaurant

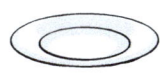

صحن

l'assiette

صحن الحساء

l'assiette à soupe

صحن الفنجان

la soucoupe

صلصة

la sauce

مملحة

la salière

مطحنة الفلفل

le moulin à poivre

خلّ

le vinaigre

زيت الطعام

l'huile

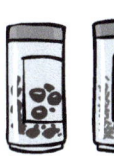

توابل

les épices

كتشاب

le ketchup

خردل

la moutarde

مايونيز

la mayonnaise

سوبرماركت

le supermarché

عرض خاص
l'offre promotionnelle
FOR
زبون
le client
مشتقات الحليب
les produits laitiers
فواكه
les fruits
عربة تَسوّق
le chariot

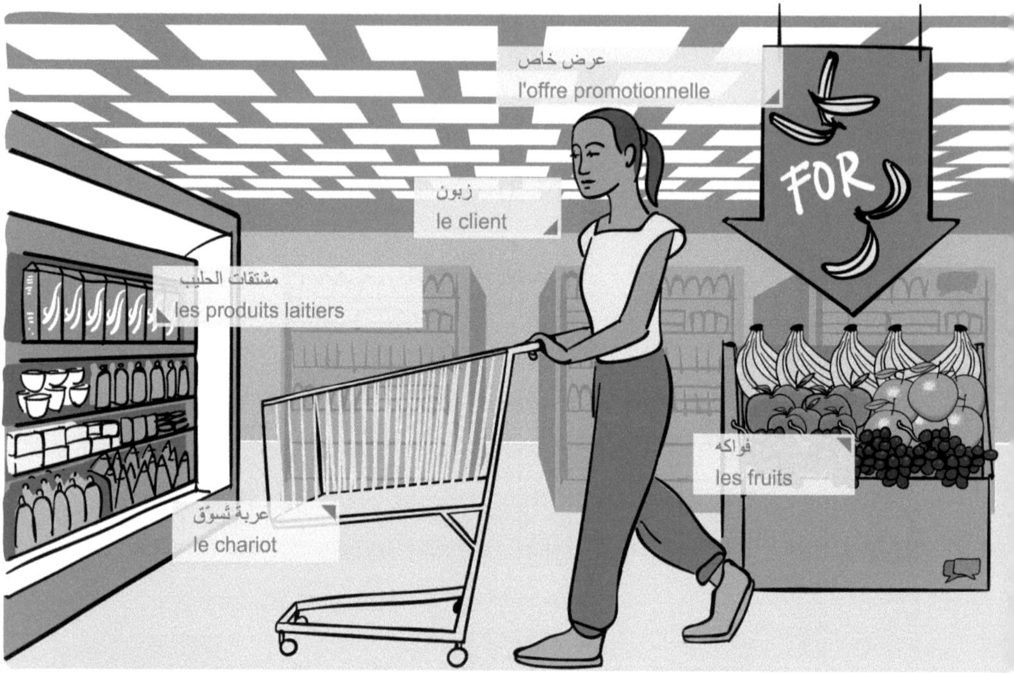

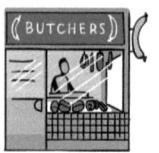

BUTCHERS

جزّار

la boucherie

BAKERY

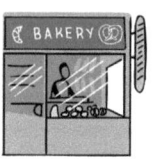

مخبز

la boulangerie

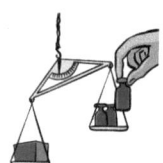

يزن

peser

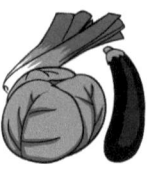

خضار

les légumes

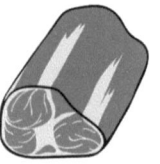

لحم

la viande

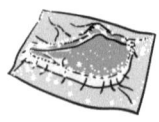

المأكولات المجمّدة

les aliments surgelés

مرتدلا أو جبن

la charcuterie

معلبات

les conserves

مسحوق الغسيل

la poudre à lessive

حلويات

les bonbons

المواد المنزلية

les articles ménagers

منظفات

les détergents

بائعة

la vendeuse

صندوق الحساب

la caisse

أمين صندوق

le caissier

قائمة المشتريات

la liste d'achats

أوقات العمل

les heures d'ouverture

محفظة النقود

le portefeuille

بطاقة ائتمان

la carte de crédit

حقيبة

le sac

كيس بلاستيكي

le sac en plastique

les boissons

ماء

l'eau

عصير

le jus de fruit

حليب

le lait

كولا

le coca

نبيذ

le vin

بيرة

la bière

كحول

l'alcool

كاكاو

le chocolat chaud

شاي

le thé

قهوة

le café

قهوة إسبريسو

l'expresso

كابوتشينو

le cappuccino

موزة

la banane

تفاح

la pomme

برتقال

l'orange

بطيخ

le melon

ليمون

le citron.

جزرة

la carotte

ثوم

l'ail

خيزران

le bambou

بصل

l'oignon

فطر

le champignon

لوزيات

les noisettes

شعيرية

les pâtes

سباغيتي

les spaghetti

أرزّ

le riz

سلطة

la salade

بطاطا مقلية

les pommes frites

بطاطا مقلية

les pommes de terre rôties

بيتزا

la pizza

هامبورغر

le hamburger

ساندويش

le sandwich

شريحة لحم مقلية

l'escalope

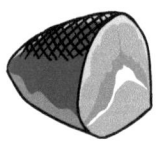

لحم خنزير

le jambon

سلامي

le salami

سجق

la saucisse

دجاج

le poulet

لحم محمر

le rôti

سمك

le poisson

دقيق الشوفان

les flocons d'avoine

موسلي

le muesli

كورن فلكس

les cornflakes

طحين

la farine

كرواسان

le croissant

خبز صغير

les petits-pains

خبز

le pain

خبز محمص

le pain grillé

بسكويت

les biscuits

زبدة

le beurre

لبن زبادي

le fromage blanc

كعكة

le gâteau

بيضة

l'œuf

بيض مقلي

l'œuf au plat

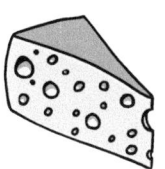

جبنة

le fromage

مثلجات

la glace

سكر

le sucre

عسل

le miel

مربّى الفاكهة

la confiture

كريم النوغا

la crème nougat

الكاري

le curry

مزرعة

la ferme

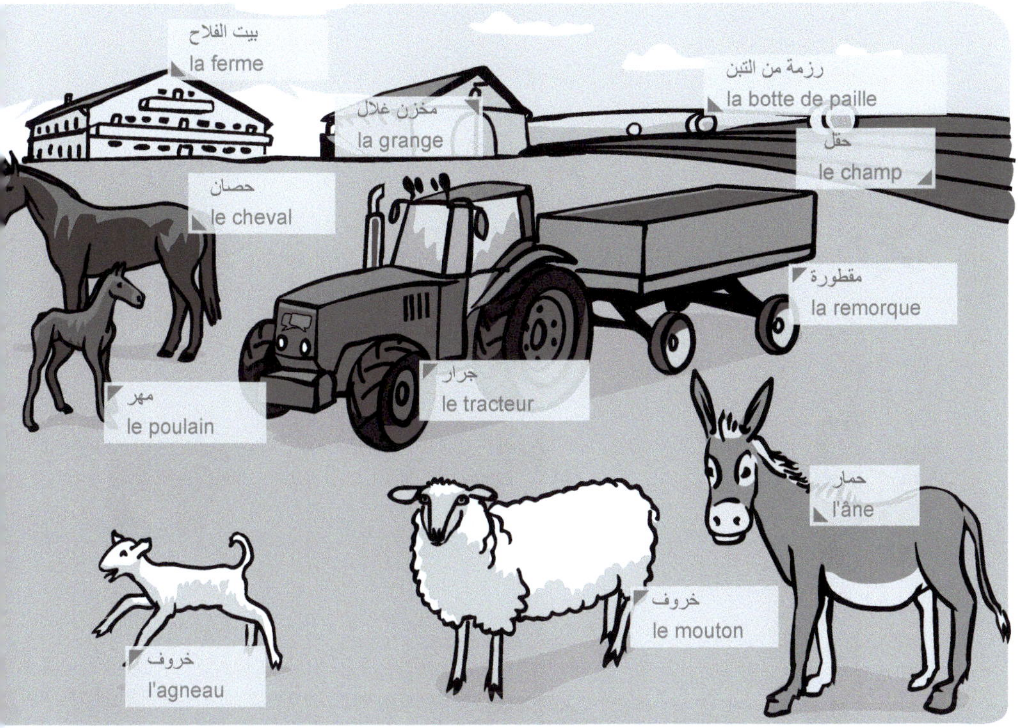

بيت الفلاح
la ferme
مخزن غلال
la grange
رزمة من التبن
la botte de paille
حقل
le champ
حصان
le cheval
مقطورة
la remorque
مهر
le poulain
جرار
le tracteur
حمار
l'âne
خروف
le mouton
خروف
l'agneau

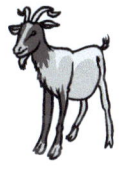

ماعز

la chèvre

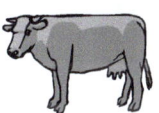

بقرة

la vache

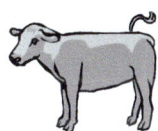

عجل

le veau

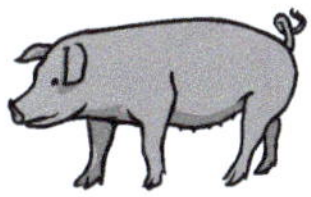

خنزير

le porc

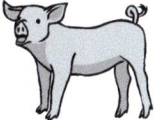

خنزير صغير

le porcelet

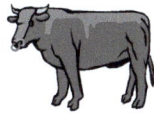

ثور

le taureau

إوزّة
l'oie

بطة
le canard

صوص
le poussin

دجاجة
la poule

ديك
le coq

جرذ
le rat

قطّة
le chat

فأر
la souris

ثور
le bœuf

كلب
le chien

كوخ الكلب
le chenil

خرطوم الحديقة
le tuyau de jardin

إبريق
l'arrosoir

منجل
la faucheuse

المحراث
la charrue

منجل

la faucille

معزقة

la pioche

مذراة الزبل

la fourche

بلطة

la hache

عربة يد

la brouette

معلف

la cuve

صفيحة الحليب

le pot à lait

كيس

le sac

سياج

la clôture

اصطبل

l'étable

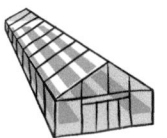

دفيئة

le serre

تربة

le sol

بذور

les semences

سماد

l'engrais

حصّادة درّاسة

la moissonneuse-batteuse

يحصد
récolter

محصول
la récolte

بطاطا يامس
l'igname

قمح
le blé

صويا
le soja

بطاطا
la pomme de terre

ذرة
le maïs

سلجم
le colza

شجرة فاكهة
l'arbre fruitier

نبات منيهوت
le manioc

الحبوب
les céréales

بيت
la maison

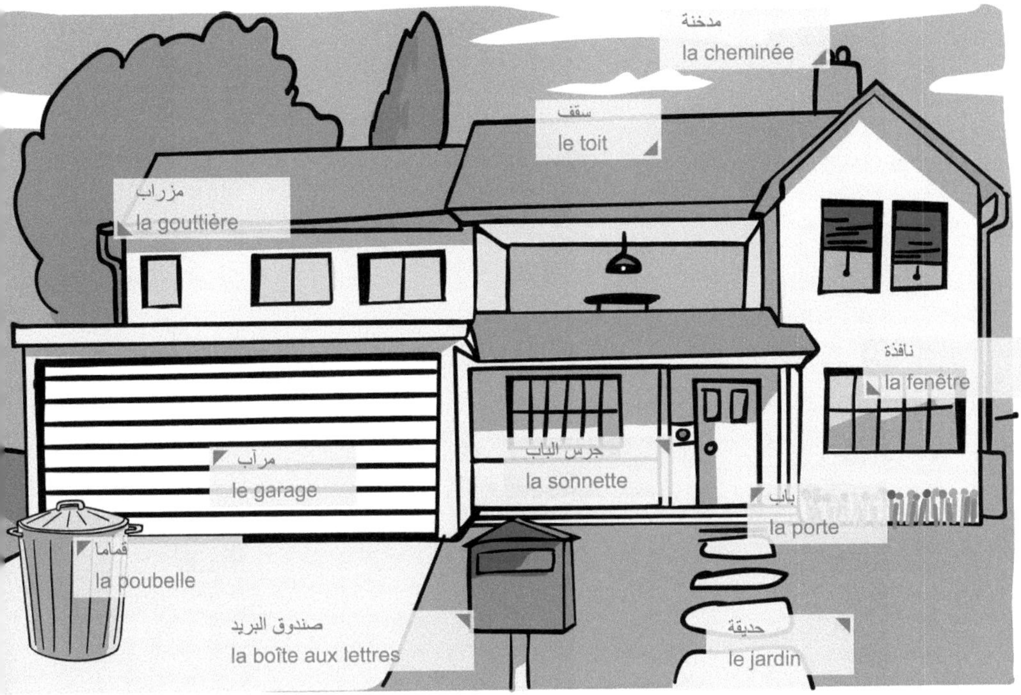
مدخنة
la cheminée
سقف
le toit
مزراب
la gouttière
نافذة
la fenêtre
مرآب
le garage
جرس الباب
la sonnette
باب
la porte
قماما
la poubelle
صندوق البريد
la boîte aux lettres
حديقة
le jardin

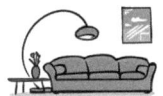

غرفة جلوس

le salon

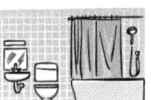

الحمّام

la salle de bain

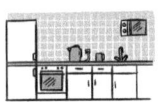

مطبخ

la cuisine

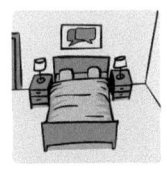

غرفة النوم

la chambre à coucher

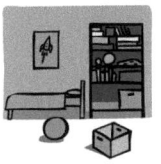

غرفة الأطفال

la chambre d'enfant

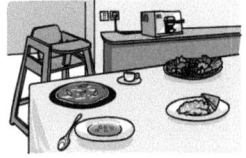

غرفة الطعام

la salle à manger

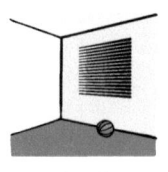

أرضية

le sol

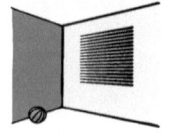

حائط

le mur

سقف

le plafond

قبو

la cave

ساونا

le sauna

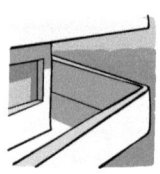

بلكون

le balcon

شرفة

la terrasse

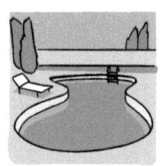

مسبح

la piscine

جزّازة العشب

la tondeuse à gazon

بياضات السرير

la housse

بطانية

la couette

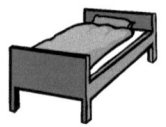

سرير

le lit

مكنسة

le balai

سطل

le sceau

مفتاح كهربائي

l'interrupteur

غرفة جلوس

le salon

ورق جدران
le papier peint
صورة
l'image
مصباح كهربائي
la lampe
رف
l'étagère
خزانة
l'armoire
تلفزيون
la télé
موقد مفتوح
la cheminée
زهرة
la fleur
وسادة
le coussin
كنبة
le sofa
مزهرية
le vase
تحكم عن بعد
la télécommande

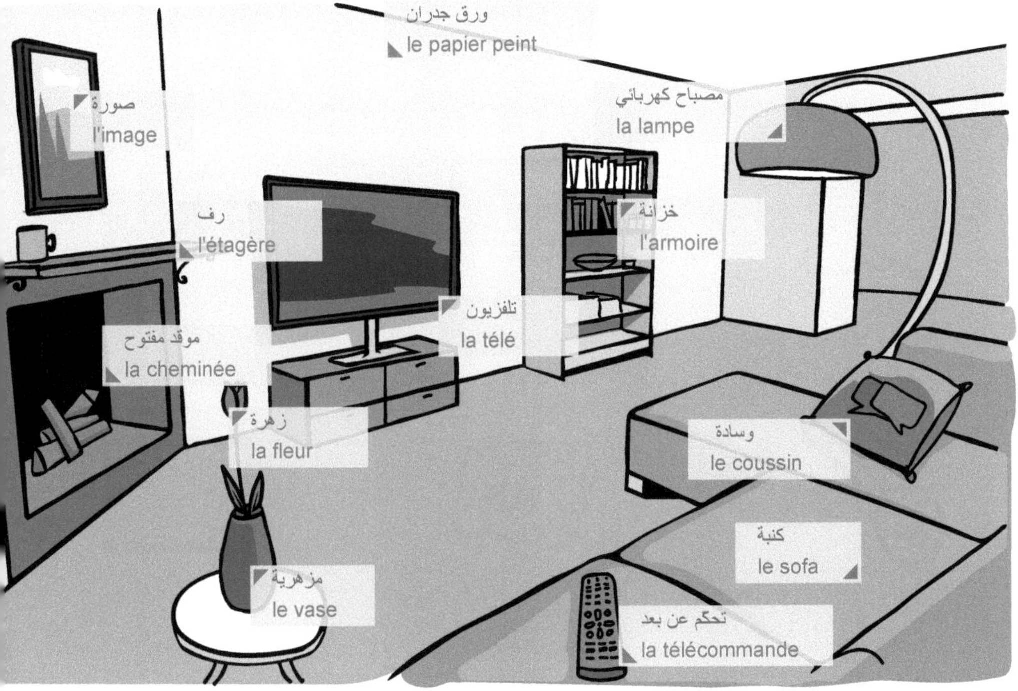

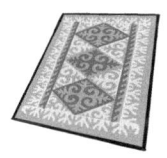

بصاط

le tapis

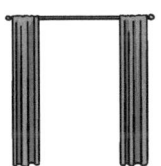

ستارة

le rideau

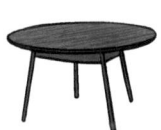

طاولة

la table

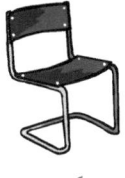

كرسي

la chaise

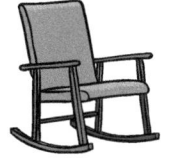

كرسي هزّاز

la chaise à bascule

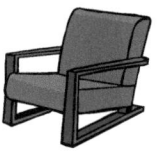

كرسي ذو ذراعين

le fauteuil

الكتاب

le livre

بطانية

la couverture

زخرفة

la décoration

الحطب

le bois de chauffage

فيلم

le film

تجهيزات ستيريو

la chaîne hi-fi

مفتاح

la clé

جريدة

le journal

لوحة مرسومة

la peinture

مُلصق

le poster

راديو

la radio

دفتر ملاحظات

le bloc-notes

المكنسة الكهربائية

l'aspirateur

صبار

le cactus

شمعة

la bougie

مطبخ

la cuisine

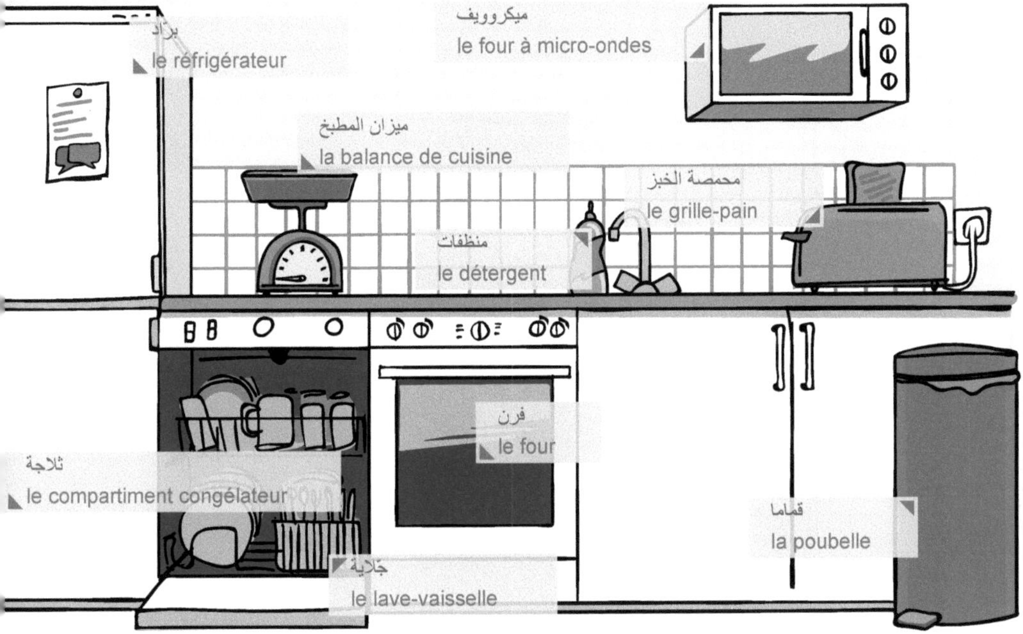

ميكروويف
le four à micro-ondes
براد
le réfrigérateur
ميزان المطبخ
la balance de cuisine
محمصة الخبز
le grille-pain
منظفات
le détergent
فرن
le four
ثلاجة
le compartiment congélateur
قماما
la poubelle
جَلاية
le lave-vaisselle

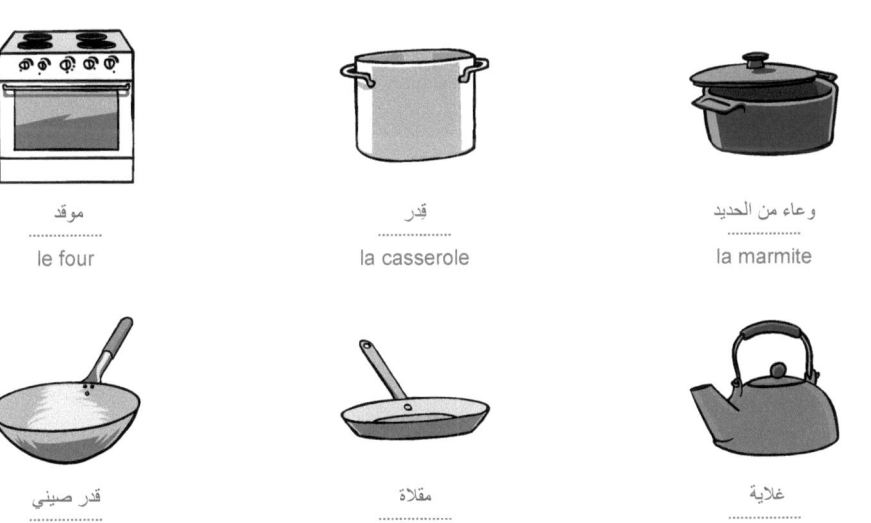

موقد

le four

قِدر

la casserole

وعاء من الحديد

la marmite

قدر صيني

le wok / kadai

مقلاة

la poêle

غلاية

la bouilloire electrique

قدر البخار

le cuiseur vapeur

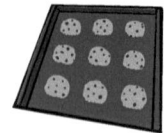

صينية

la plaque de cuisson

أواني

la vaisselle

فنجان

le gobelet

صحن

la coupe

عيدان الأكل

les baguettes

مغرفة

la louche

ملعقة منبسطة

la spatule

خفاقة

le fouet

مصفاة

la passoire

مصفاة

le tamis

مِبْشَرة

la râpe

هاون

le mortier

شِواء

le barbecue

موقد

la cheminée

مطبخ - la cuisine

لوح التقطيع

la planche à découper

نشّابة

le rouleau à pâtisserie

مفتاح الزجاجات

le tire-bouchon

علبة

la boîte

مفتاح العلب المعدنية

l'ouvre-boîte

قماش الفرن

les maniques

مجلى

le lavabo

فرشاة

la brosse

إسفنج

l'éponge

خلاط

le mixeur

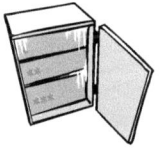

مجمّدة

le congélateur

زجاجة الطفل

le biberon

صنبور الماء

le robinet

الحمّام

la salle de bain

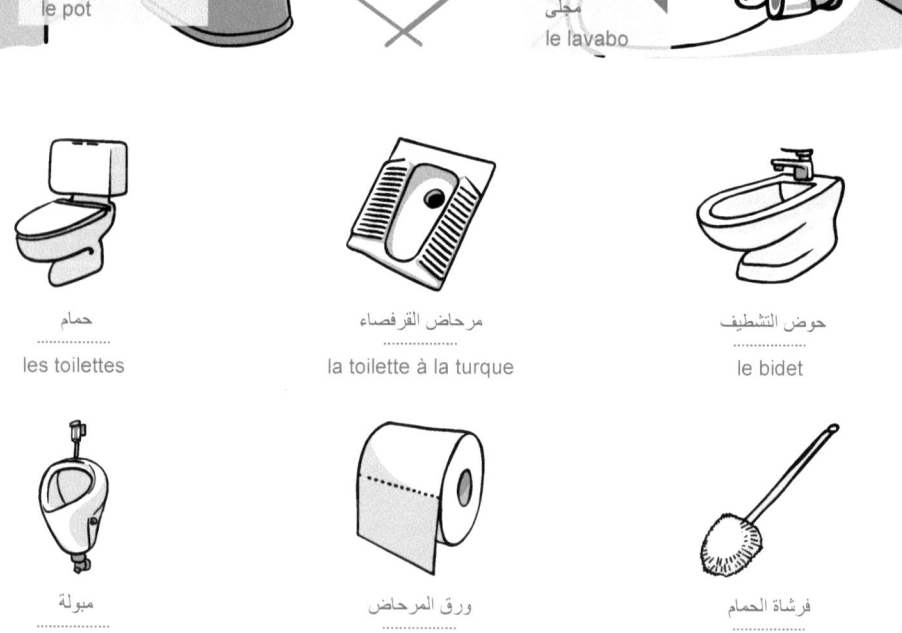

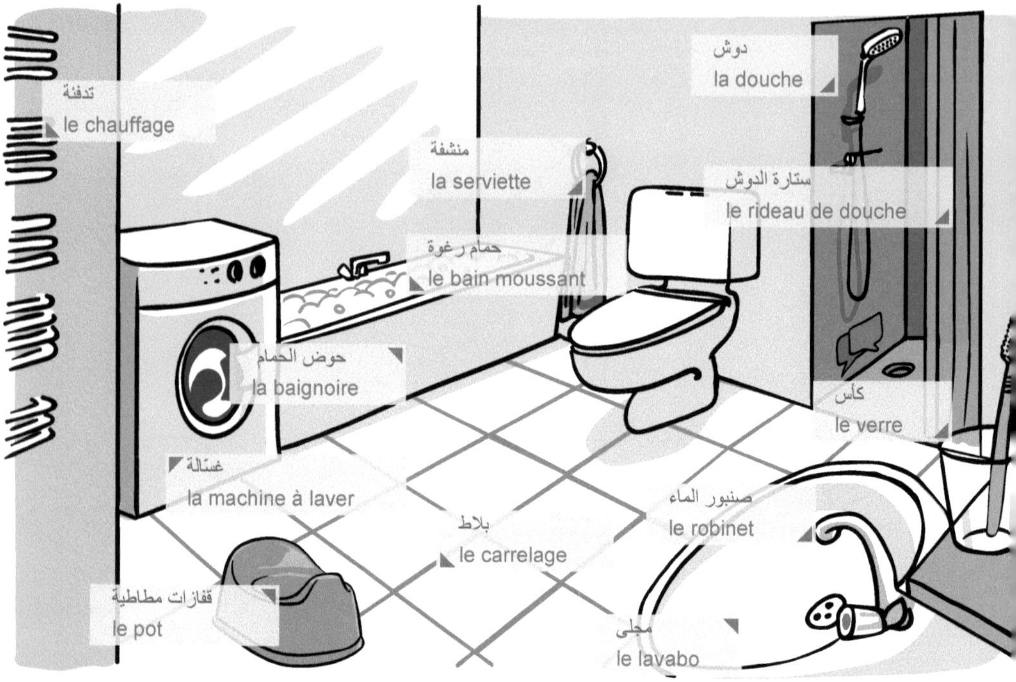

تدفئة
le chauffage
منشفة
la serviette
دوش
la douche
ستارة الدوش
le rideau de douche
حمام رغوة
le bain moussant
حوض الحمام
la baignoire
كأس
le verre
غسّالة
la machine à laver
صنبور الماء
le robinet
بلاط
le carrelage
قفازات مطاطية
le pot
مجلى
le lavabo

حمام

les toilettes

مرحاض القرفصاء

la toilette à la turque

حوض التشطيف

le bidet

مبولة

l'urinoir

ورق المرحاض

le papier toilette

فرشاة الحمام

la brosse à toilette

فرشاة الأسنان

la brosse à dents

معجون الأسنان

le dentifrice

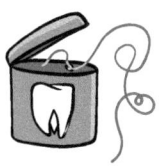

خيط حرير لتنظيف الأسنان

le fil dentaire

يغسل

laver

رشاش ماء يدوي

la douche manuelle

شطاف

la douche intime

حوض الغسيل

la vasque

فرشاة الظهر

la brosse dorsale

صابون

le savon

جيل الدوش

le gel douche

شامبو

le shampooing

ممسحة

le gant de toilette

مصرف للماء

l'écoulement

مرهم

la crème

مزيل الروائح

le déodorant

مرآة

le miroir

مرآة يد

le miroir cosmétique

موس حلاقة

le rasoir

رغوة الحلاقة

la mousse à raser

كولونيا

l'après-rasage

مشط

la peigne

فرشاة

la brosse

سشوار

le sèche-cheveux

مثبت للشعر

la laque pour cheveux

ماكياج

le fond de teint

روج

le rouge à lèvres

طلاء أظافر

le vernis à ongles

قطن

l'ouate

مقص أظافر

le coupe-ongles

عطر

le parfum

سلّة الغسيل

la trousse de toilette

مقعد صغير

le tabouret

ميزان

le pèse-personne

معطف الحمام

le peignoir

قفازات مطاطية

les gants de nettoyage

سدادة قطنية

le tampon

منشفة صحية

les serviettes hygiéniques

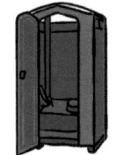

تواليت كيميائية

la toilette chimique

غرفة الأطفال

la chambre d'enfant

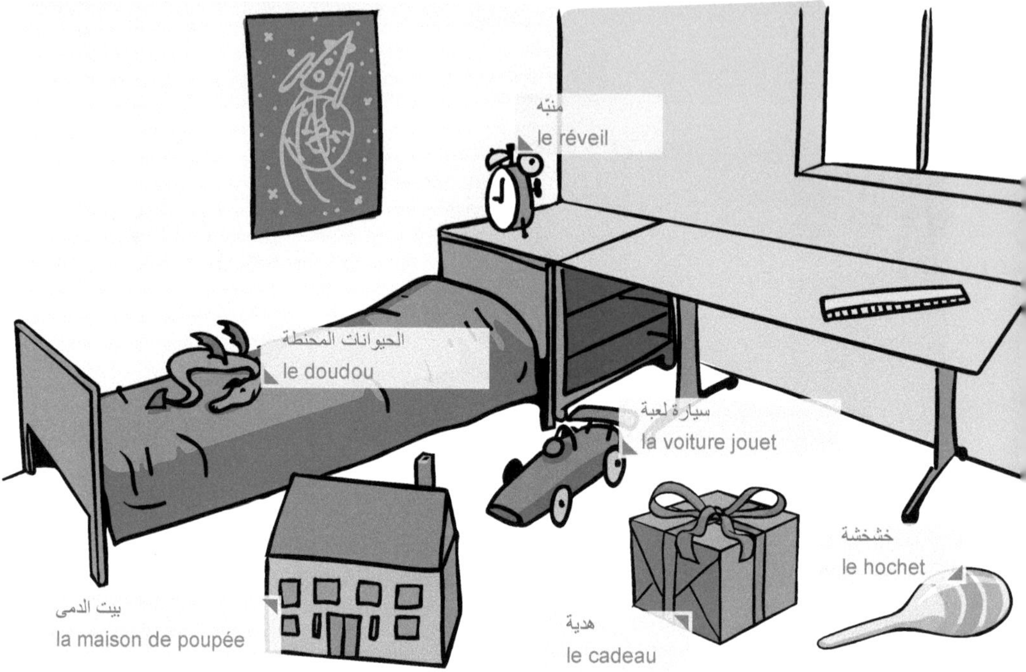
منبه
le réveil
الحيوانات المحنطة
le doudou
سيارة لعبة
la voiture jouet
خشخشة
le hochet
بيت الدمى
la maison de poupée
هدية
le cadeau

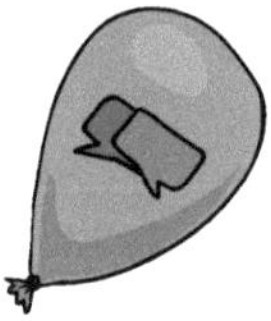

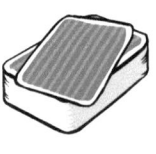

بالون

le ballon

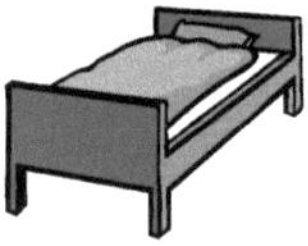

سرير

le lit

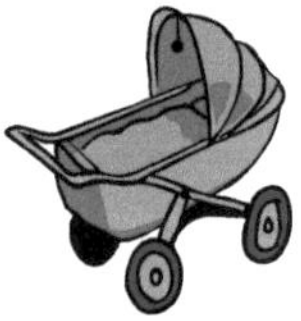

عربة الأطفال

la poussette

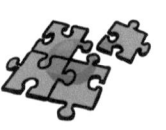

لعبة الورق

le jeu de cartes

أحجية

le puzzle

SUPER
MEGA

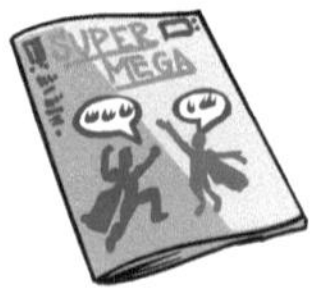

رسوم هزلية

la bande dessinée

أحجار الليغو

les pièces lego

حجارة تركيب

les blocs de construction

دمية بطل

la figurine

لباس الطفل

la grenouillère

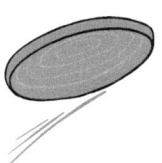

فريسبي

le frisbee

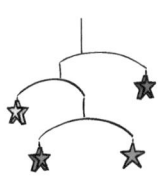

دمية معلقة

le mobile

لعبة الطاولة

le jeu de société

لعبة النرد

le dé

لعبة قطار

le train miniature

مصّاصة

la sucette

حفلة

la fête

كتاب مصوّر

le livre d'images

كرة

la balle

دمية

la poupée

يلعب

jouer

ملعب رملي للأطفال
....
le bac à sable

أرجوحة
....
la balançoire

لعبة
....
les jouets

ألعاب فيديو
....
la console de jeu

دراجة ثلاثية
....
le tricycle

دمية على شكل الدب
....
l'ours en peluche

خزانة الثياب
....
l'armoire

les vêtements

جوارب قصيرة
....
les chaussettes

جوارب طويلة
....
les bas

جورب بنطلون
....
le collant

شال
l'écharpe

شمسية
le parapluie

تي شيرت
le t-shirt

حزام
la ceinture

حذاء شتوي
les bottes

شبشب
les pantoufles

أحذية رياضية
les baskets

صندل
....
les sandales

حذاء
....
les chaussures

جزمة كاوتشوك
....
les bottes de caoutchouc

سروال داخلي
....
les sous-vêtements

صدّارة
....
le soutien-gorge

قميص داخلي
....
le maillot de corps

لباس ملاصق للجسم

le body

بنطلون

le pantalon

جينز

le jean

تنورة

la jupe

بلوزة

le chemisier

قميص

la chemise

سترة قطنية

le pull

كنزة كم طويل

le sweat à capuche

سترة فضفاضة

la veste

سترة

la veste

معطف

le manteau

معطف مطري

l'imperméable

زي - طقم نسائي

le costume

ثوب

la robe

ثوب الزفاف

la robe de mariée

طقم
....
le costume

قميص نوم
....
la chemise de nuit

بيجاما
....
le pyjama

ساري
....
le sari

حجاب
....
le foulard

عمامة
....
le turban

برقع
....
la burqa

قفطان
....
le caftan

عباءة
....
l'abaya

مايوه
....
le maillot de bain

سروال سباحة
....
le maillot de bain

شرت
....
le short

بدلة رياضية
....
la tenue d'entraînement

مئزر
....
le tablier

قفازات
....
les gants

زر
....
le bouton

نظارة
....
les lunettes

إسوارة
....
le bracelet

عقد
....
le collier

خاتم
....
la bague

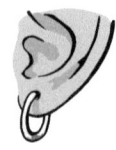

قرط
....
la boucle d'oreille

طاقيّة
....
le bonnet

علاقة ثياب
....
le cintre

قبّعة
....
le chapeau

ربطة العنق
....
la cravate

سحّاب
....
la fermeture éclair

خوذة
....
le casque

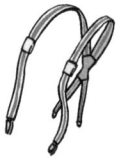

حمّالة البنطلون
....
les bretelles

اللباس المدرسي
....
l'uniforme scolaire

زي موحّد
....
l'uniforme

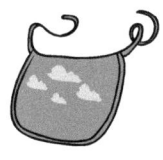

مريلة الأطفال

le bavoir

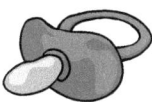

مصّاصة

la sucette

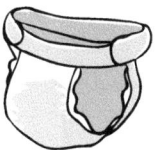

لفافة

la lange

مكتب

le bureau

المخدّم
le serveur
خزانة الملفات
l'armoire d'archivage
طابعة
l'imprimante
ورقة
le papier
شاشة
l'écran
فارة
la souris
طاولة المكتب
le bureau
ملف
le classeur
لوحة المفاتيح
le clavier
قماما
la corbeille à papier
حاسوب
l'ordinateur
كرسي
la chaise

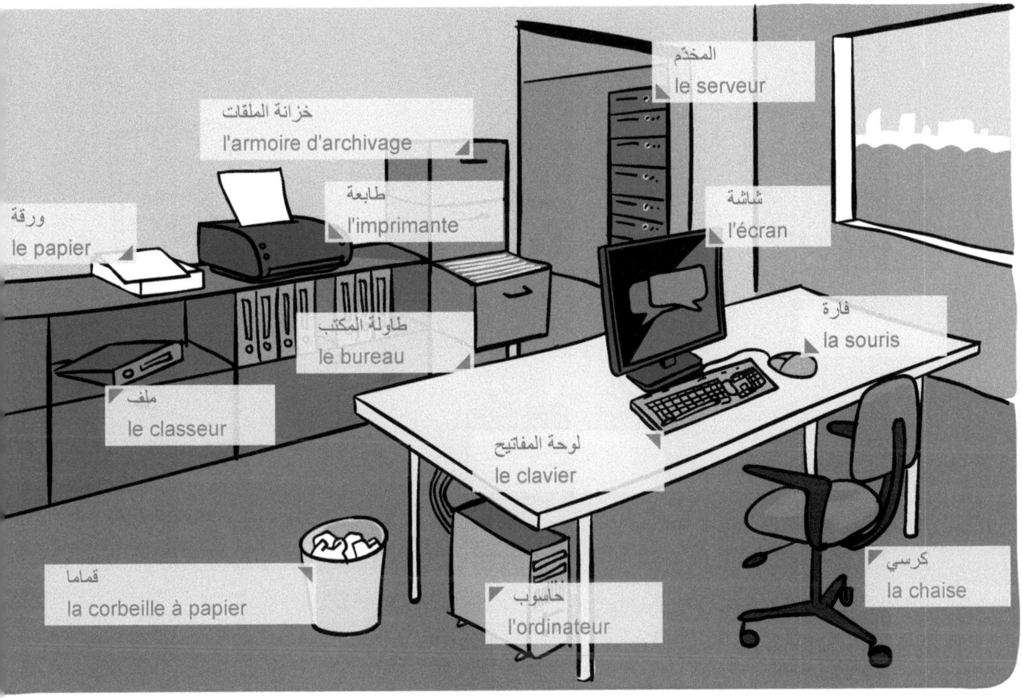

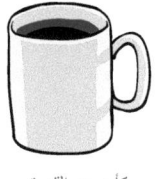

كأس من القهوة

la tasse de café

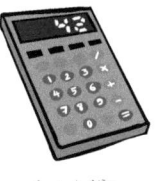

الآلة الحاسبة

la calculatrice

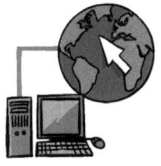

الإنترنت

l'internet

الحاسوب المحمول

l'ordinateur portable

رسالة

la lettre

خبر

le message

الهاتف المحمول

le portable

شبكة

le réseau

جهاز تصوير

la photocopieuse

البرمجيات

le logiciel

هاتف

le téléphone

مقبس كهربائي

la prise

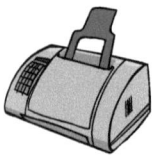

فاكس

le fax

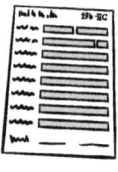

استمارة

le formulaire

وثيقة

le document

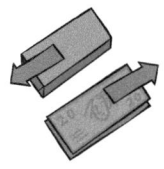

يشتري

acheter

يدفع

payer

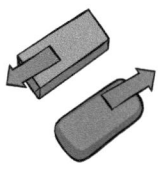

يتاجر

faire du commerce

مال

la monnaie

دولار

le dollar

يورو

l'euro

ين

le yen

روبل

le rouble

فرنك سويسري

le franc suisse

يوان

le renminbi yuan

روبية

la roupie

صرّاف آلي

le distributeur automatique

مكتب صرافة

le bureau de change

ذهب

l'or

فضة

l'argent

نفط

le pétrole

طاقة

l'énergie

سعر

le prix

عقد

le contrat

ضريبة

la taxe

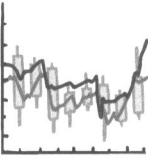

سهم

l'action

يعمل

travailler

موظف

l'employé

رب العمل

l'employeur

مصنع

l'usine

متجر

le magasin

المِهَن
les professions

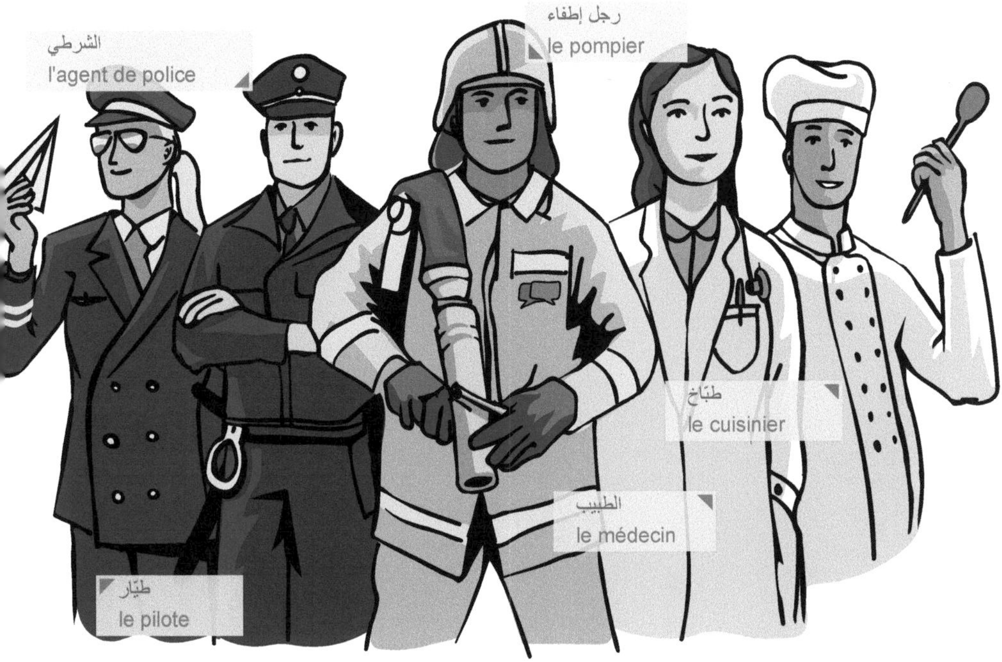

الشرطي
l'agent de police
رجل إطفاء
le pompier
طبّاخ
le cuisinier
الطبيب
le médecin
طيّار
le pilote

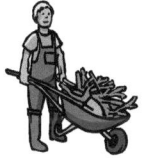

بستاني

le jardinier

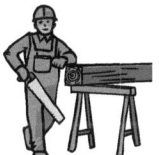

نجّار

le menuisier

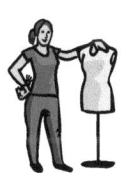

خيّاطة

la couturière

قاض

le juge

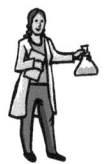

كيميائي

le chimiste

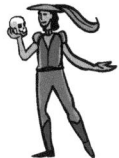

ممثل

l'acteur

سائق حافلة

le conducteur de bus

سائق تاكسي

le chauffeur de taxi

صياد سمك

le pêcheur

أجيرة للتنظيف

la femme de ménage

بنّاء سقف

le couvreur

نادل

le serveur

صيّاد

le chasseur

رسّام

le peintre

خبّاز

le boulanger

كهربائي

l'électricien

عامل بناء

l'ouvrier

مهندس

l'ingénieur

لحّام

le boucher

سمكري

le plombier

ساعي البريد

le facteur

جندي

le soldat

مهندس معماري

l'architecte

أمين صندوق

le caissier

بائع الزهور

le fleuriste

حلاق

le coiffeur

مراقب القطار

le contrôleur

ميكانيكي

le mécanicien

قبطان

le capitaine

طبيب أسنان

le dentiste

رجل العلم

le scientifique

حاخام

le rabbin

إمام

l'imam

راهب

le moine

كاهن

le prêtre

عدة عمل

les outils

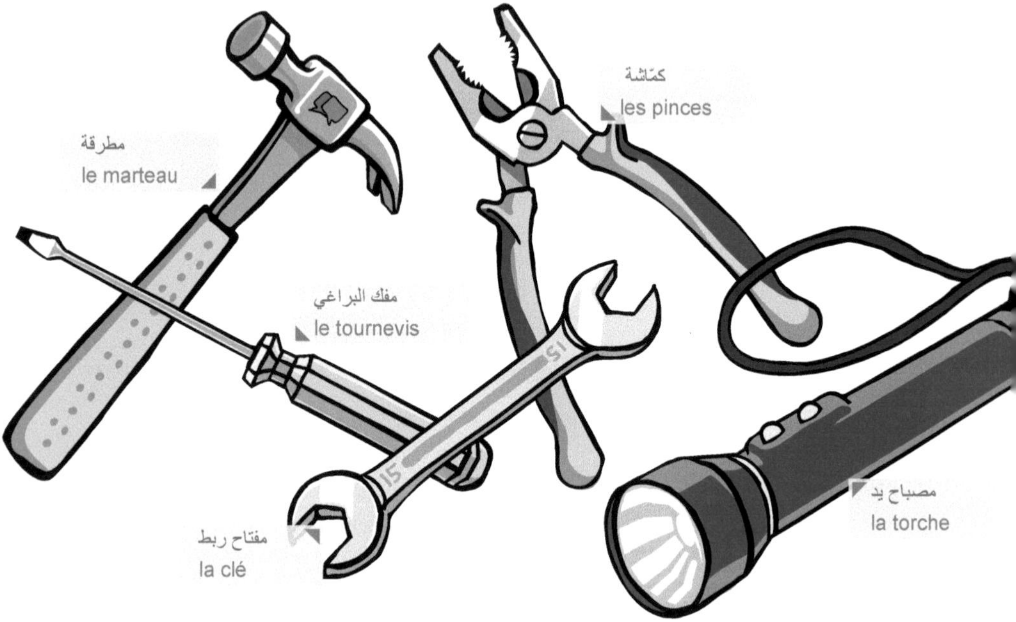

كمّاشة
les pinces
مطرقة
le marteau
مفك البراغي
le tournevis
مصباح يد
la torche
مفتاح ربط
la clé

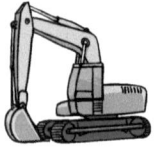

جرافة

la pelleteuse

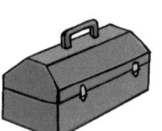

صندوق العدة

la boîte à outils

سلّم

l'échelle

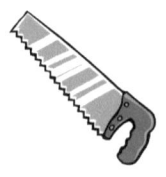

منشار

la scie

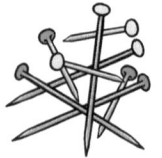

مسامير

les clous

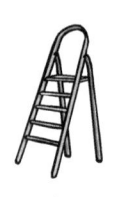

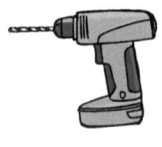

مثقب

la perceuse

يصلح

réparer

مجرفة

la pelle

اللعنة

Mince !

لقاطة الكناسة

la pelle

سطل الألوان

le pot de peinture

براغي

les vis

آلات موسيقية

les instruments de musique

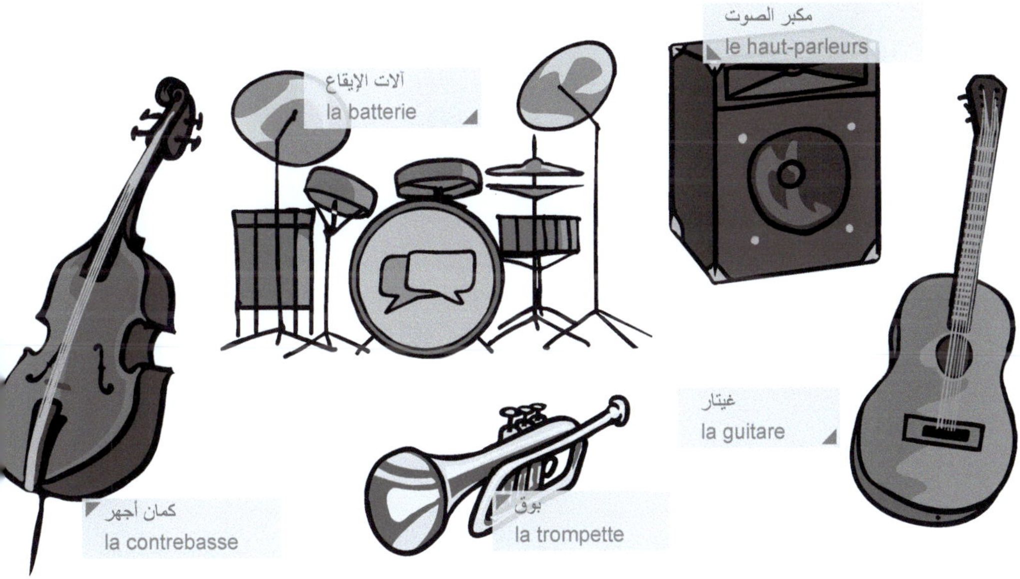

مكبر الصوت
le haut-parleurs

آلات الإيقاع
la batterie

غيتار
la guitare

كمان أجهر
la contrebasse

بوق
la trompette

بيانو

le piano

كمنجة

le violon

جهير

la basse

طبل كبير

les timbales

طبل

le tambour

بيانو كهرباني

le piano électrique

ساكسوفون

le saxophone

ناي

la flûte

ميكروفون

le microphone

حديقة حيوانات

le zoo

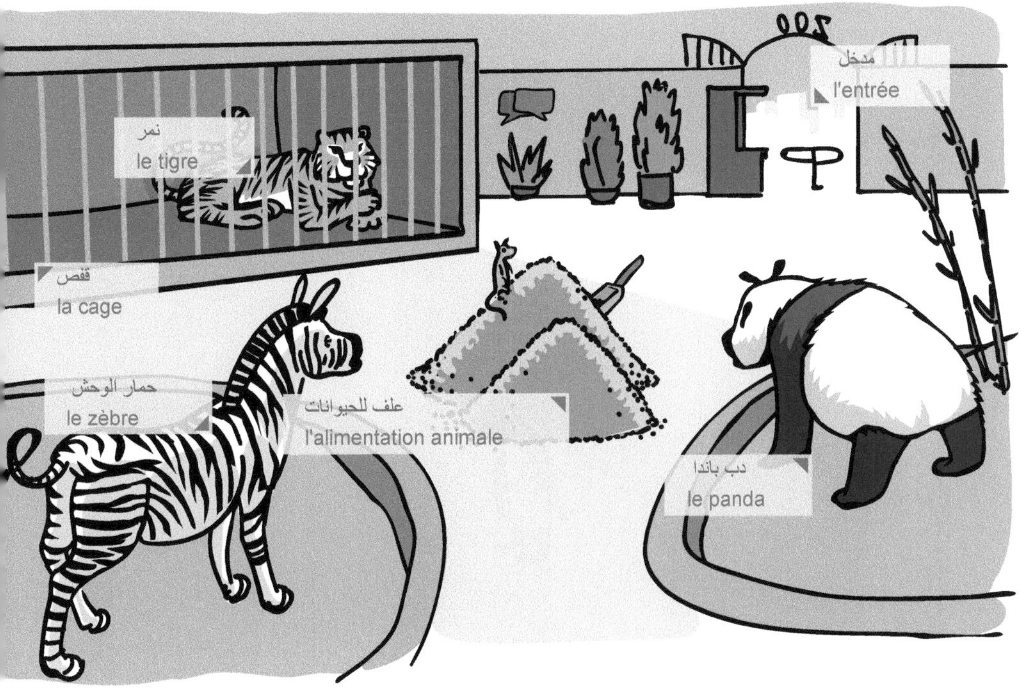
مدخل
l'entrée
نمر
le tigre
قفص
la cage
حمار الوحش
le zèbre
علف للحيوانات
l'alimentation animale
دب باندا
le panda

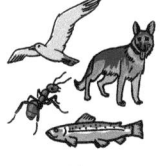

حيوانات

les animaux

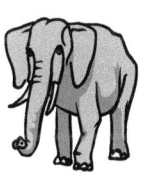

فيل

l'éléphant

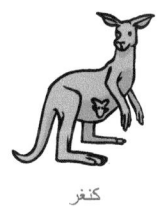

كنغر

le kangourou

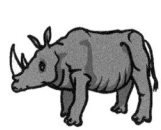

وحيد القرن

le rhinocéros

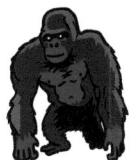

غوريلا

le gorille

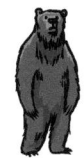

دب

l'ours

جمل

le chameau

نعامة

l'autruche

أسد

le lion

قرد

le singe

طائر فلامينغو

le flamand rose

ببغاء

le perroquet

دب قطبي

l'ours polaire

بطريق

le pingouin

سمك القرش

le requin

طاووس

le paon

أفعى

le serpent

تمساح

le crocodile

حارس في حديقة الحيوان

le gardien de zoo

عجل البحر

le phoque

نمر أمريكي مرقط

le jaguar

فرس قزم

le poney

نمر

le léopard

فرس النهر

l'hippopotame

زرافة

la girafe

نسر

l'aigle

خنزير برّي

le sanglier

سمك

le poisson

سلحفاة

la tortue

حيوان فظ البحري

le morse

ثعلب

le renard

غزال

la gazelle

كرة القدم الأمريكية
l'american Football

ركوب الدراجات
le cyclisme

كرة التنس
le tennis

كرة السلة
le basket-ball

السباحة
la natation

الملاكمة
la boxe

هوكي الجليد
le hockey sur glace

كرة القدم
....
le football

الريشة الطائرة
....
le badminton

ألعاب القوى الخفيفة
....
l'athlétisme

كرة اليد
....
le handball

التزلج على الثلج
....
le ski

بولو
....
le polo

يَقْفِز
sauter

يُعَانِق
embrasser

يَضْحَك
rire

يَمْشِي
marcher

يُغَنِّي
chanter

يَحْلَم
rêver

يُصَلِّي
prier

يُقَبِّل
faire la bise

يَكْتُب
écrire

يَرْسِم
dessiner

يُرِي
montrer

يَدْفَع
pousser

يُعْطِي
donner

يَأْخُذ
prendre

يملك

avoir

يعمل

faire

يوجد

être

يقَف

être debout

يركض

courir

يسحب

trier

يرمي

jeter

يقَع

tomber

يستلقي

être couché

ينتَظر

attendre

يحمل

porter

يجلس

être assis

يلبس

s'habiller

ينام

dormir

يستيقَظ

se réveiller

ينظر إلى ..
....
regarder

يبكي
....
pleurer

يمسّد
....
caresser

يمشّط
....
peigner

يتكلم
....
parler

يفهم
....
comprendre

يسأل
....
demander

يسمع
....
écouter

يشرب
....
boire

يأكل
....
manger

يرتب
....
ranger

يحب
....
aimer

يطبخ
....
cuire

يقود
....
conduire

يطير
....
voler

يبحر بزورق شراعي

faire de la voile

يحسب

calculer

يقرأ

lire

يتَعلم

apprendre

يعمل

travailler

يتَزوج

se marier

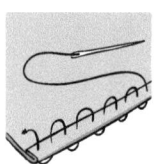

يخيط

coudre

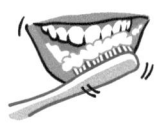

ينظف أسنانه

brosser les dents

يقتل

tuer

يدخّن

fumer

يرسل

envoyer

عائلة

la famille

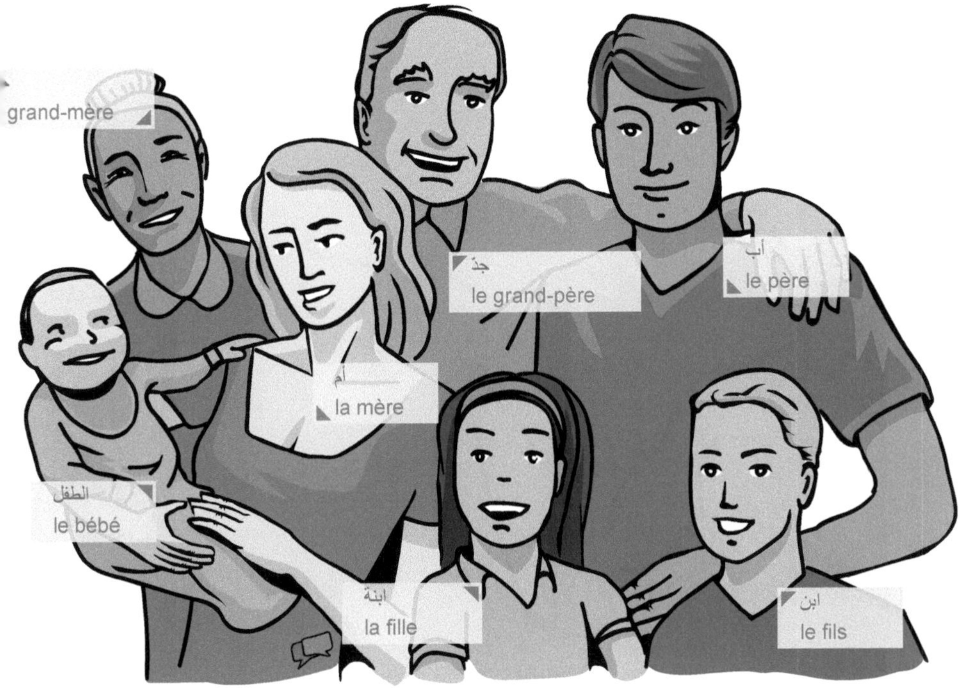

grand-mère
جدّ
le grand-père
أب
le père
أم
la mère
الطفل
le bébé
ابنة
la fille
ابن
le fils

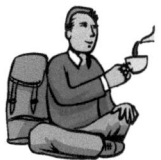

ضيف

....

l'hôte

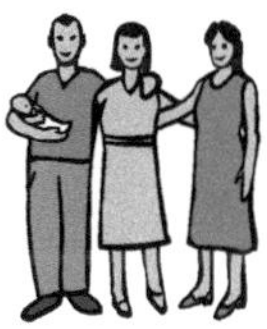

عمّة / خالة

....

la tante

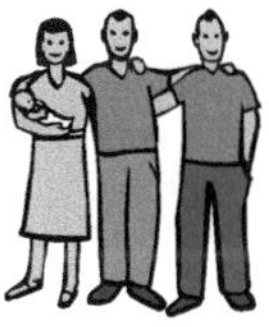

عمّ / خال

....

l'oncle

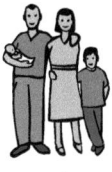

أخ

....

le frère

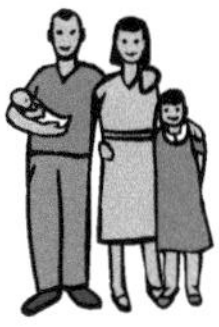

أخت

....

la sœur

الجسم

le corps

الجبين
le front
العين
l'œil
الكتف
l'épaule
الإصبع
le doigt
الوجه
le visage
الذقن
le menton
اليد
la main
الساق
la jambe
الصدر
la poitrine
الذراع
le bras

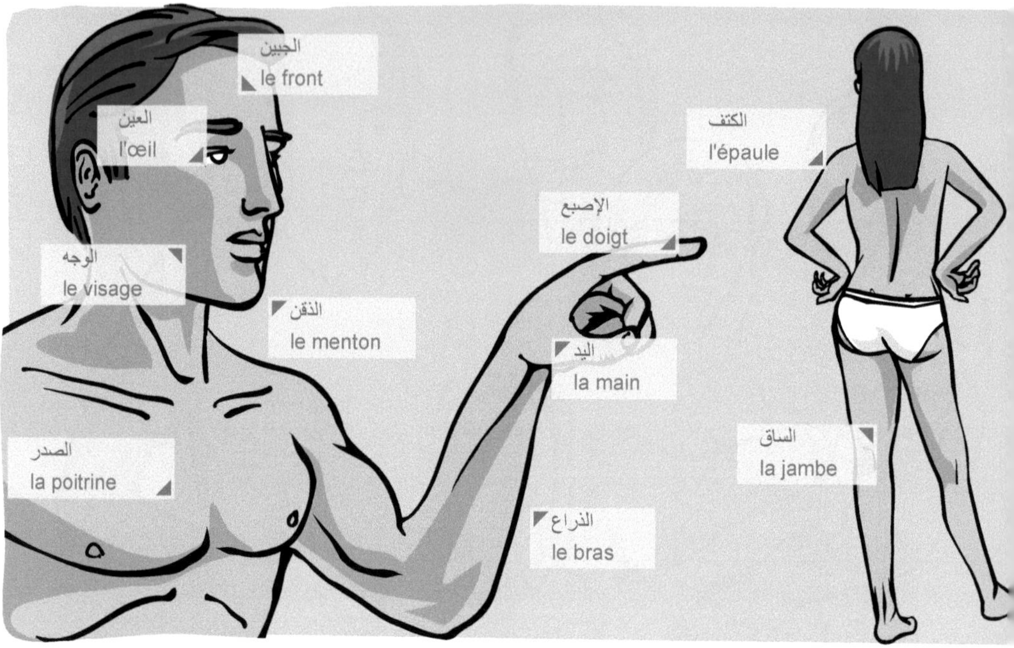

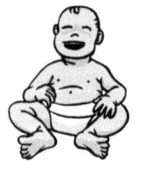

الطفل

le bébé

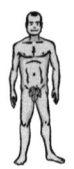

الرجل

l'homme

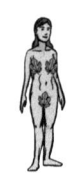

المرأة

la femme

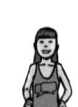

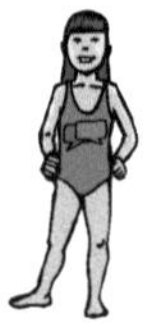

البنت

la fille

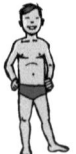

الولد

le garçon

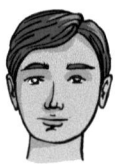

الرأس

la tête

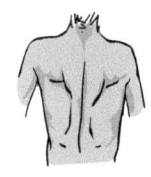

الظهر

le dos

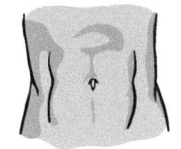

البطن

le ventre

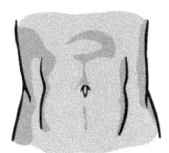

السرّة

le nombril

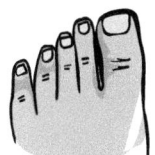

إصبع القدم

l'orteil

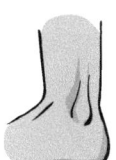

الكعب

le talon

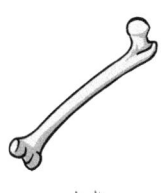

العظم

l'os

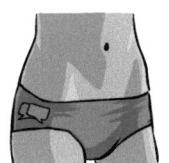

الورك

la hanche

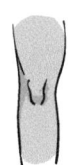

الركبة

le genou

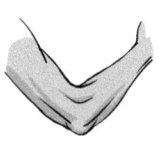

المرفق

le coude

الأنف

le nez

العَجُز

les fesses

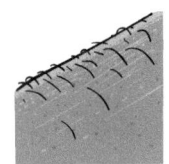

البشرة

la peau

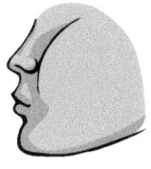

الخد

la joue

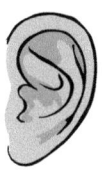

الأذن

l'oreille

الشفة

la lèvre

الفم

la bouche

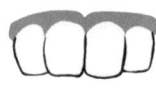

السن

la dent

اللسان

la langue

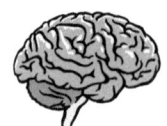

الدماغ

le cerveau

القلب

le cœur

le muscle

العضلة

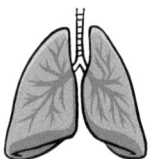

الرئة

les poumons

الكبد

le foie

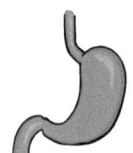

المعدة

l'estomac

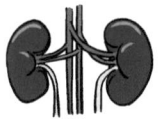

الكلى

les reins

الاتصال الجنسي

le rapport sexuel

الواقي المطاطي

le préservatif

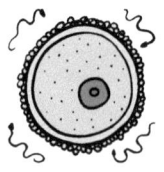

البويضة

l'ovule

المنيّ

le sperme

الحمل

la grossesse

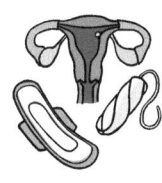

الحيض

la menstruation

المهبل

le vagin

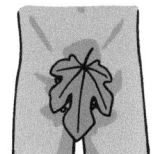

القضيب

le pénis

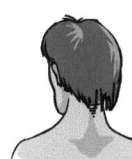

الحاجب

le sourcil

الشعر

les cheveux

الرقبة

le cou

المستشفى
l'hôpital

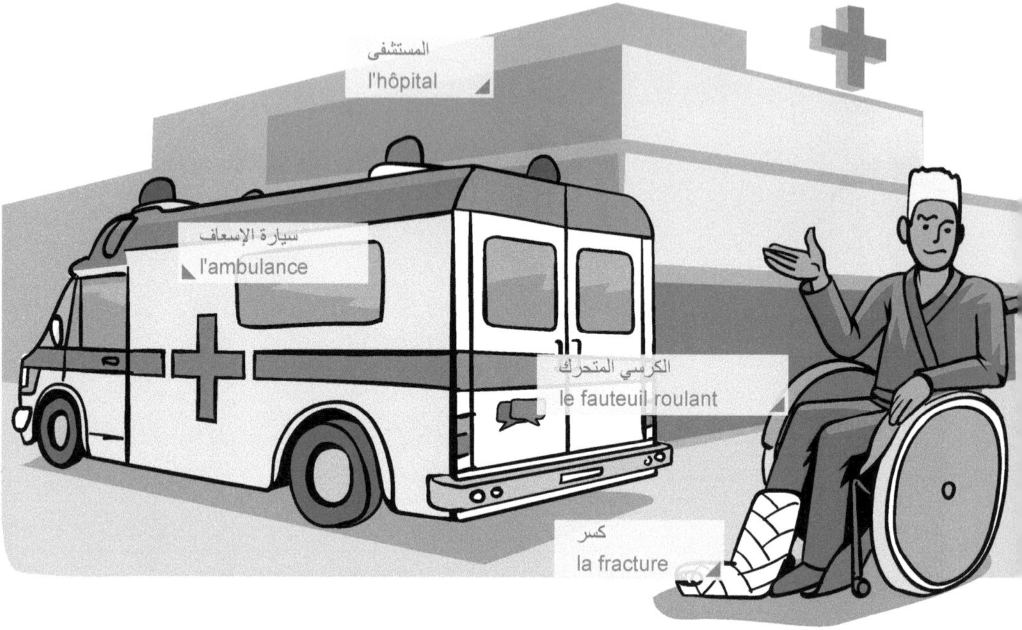

المستشفى
l'hôpital
سيارة الإسعاف
l'ambulance
الكرسي المتحرك
le fauteuil roulant
كسر
la fracture

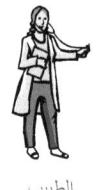

الطبيب

le médecin

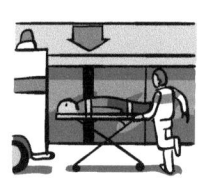

غرفة الإسعاف

le service des urgences

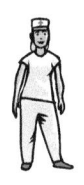

الممرضة

l'infirmière

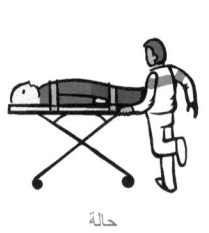

حالة

l'urgence

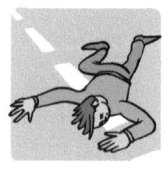

مغمى عليه

inconscient

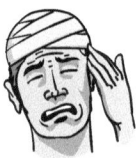

الألم

la douleur

إصابة
....
la blessure

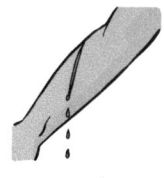

النزيف
....
l'hémorragie

احتشاء القلب
....
la crise cardiaque

جلطة
....
l'attaque cérébrale

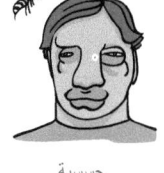

حسسية
....
l'allergie

السعال
....
la toux

الحُمّى
....
la fièvre

إنفلونزا
....
la grippe

الإسهال
....
la diarrhée

وجع الرأس
....
le mal de tête

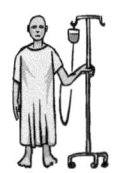

السرطان
....
le cancer

مرض السكر
....
le diabète

جرّاح
....
le chirurgien

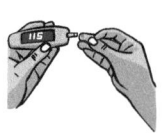

مبضع
....
le scalpel

عملية
....
l'opération

سيتي سكان

le CT

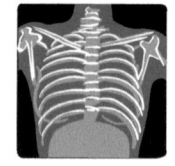

الأشعة السينية

la radiographie

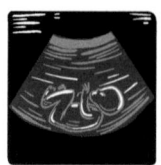

فوق الصوتي

l'échographie

القناع

le masque

المرض

la maladie

غرفة الانتظار

la salle d'attente

العُكّاز

la béquille

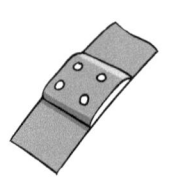

شريط لاصق

le pansement

ضماد

le pansement

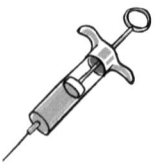

حقنة

l'injection

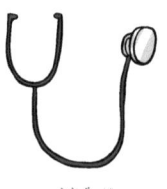

سمّاعة الطبيب

le stéthoscope

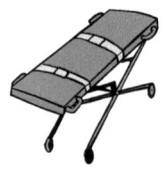

نقالة

le brancard

ميزان حرارة

le thermomètre

ولادة

l'accouchement

وزن زائد

la surcharge pondérale

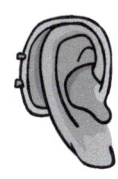

جهاز السمع

l'appareil auditif

المواد المعقمة

le désinfectant

عدوى

l'infection

فيروس

le virus

الإيدز

le VIH / le sida

الطب

le médicament

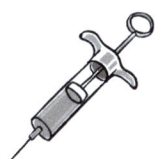

اللقاح

la vaccination

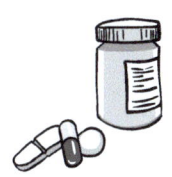

أقراص الدواء

les comprimés

حبّة الدواء

la pilule

نداء النجدة

l'appel d'urgence

مقياس ضغط الدم

le tensiomètre

مريض / صحيح

malade / sain

النجدة!

Au secours !

إنذار

l'alarme

اعتداء

l'assaut

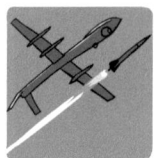

هجوم

l'attaque

خطر

le danger

مخرج طوارئ

la sortie de secours

حريق!

Au feu!

جهاز الإطفاء

l'extincteur

حادث

l'accident

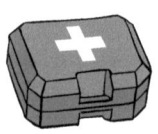

حقيبة الإسعاف الأولى

la trousse de premier
secours

أنقذونا

SOS

الشرطة

la police

أوروبا

l'Europe

أمريكا الشمالية

l'Amérique du Nord

أمريكا الجنوبية

l'Amérique du Sud

أفريقيا

l'Afrique

آسيا

l'Asie

أستراليا

l'Australie

المحيط الأطلسي

l'Océan atlantique

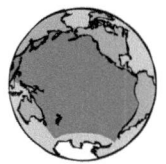

المحيط الهادي

l'Océan pacifique

المحيط الهندي

l'Océan indien

المحيط المتجمد الجنوبي

l'Océan antarctique

المحيط المتجمد الشمالي

l'Océan arctique

القطب الشمالي

le Pôle nord

القطب الجنوبي

le Pôle sud

منطقة القطب الجنوبي

l'Antarctique

أرض

la terre

بر

le pays

بحر

la mer

جزيرة

l'île

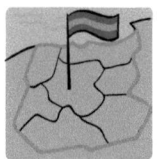

أمة

la nation

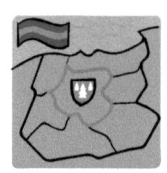

دولة

l'état

ميناء الساعة
....
le cadran

عقرب الساعات
....
l'aiguille des heures

عقرب الدقائق
....
l'aiguille des minutes

عقرب الثواني
....
l'aiguille des secondes

كم الساعة الآن؟
....
Quelle heure est-il ?

يوم
....
le jour

زمن
....
le temps

الآن
....
maintenant

ساعة رقمية
....
la montre digitale

دقيقة
....
la minute

ساعة
....
l'heure

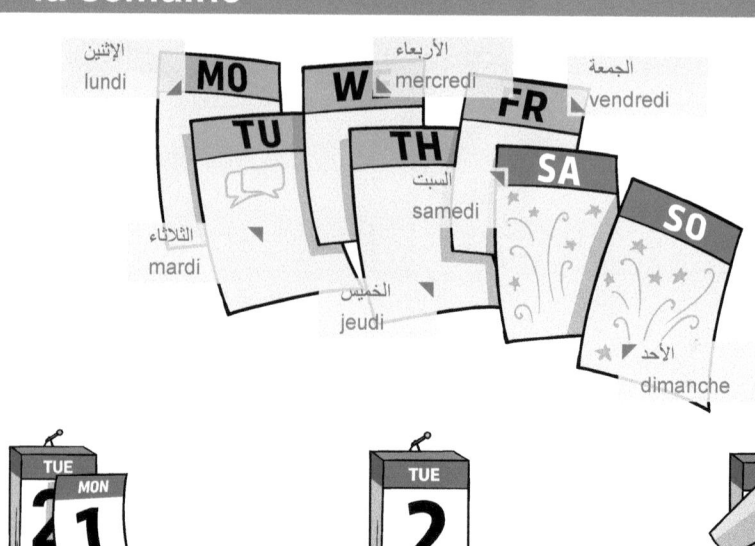

الإثنين
lundi

الأربعاء
mercredi

الجمعة
vendredi

الثلاثاء
mardi

الخميس
jeudi

السبت
samedi

الأحد
dimanche

الأمس
hier

اليوم
aujourd'hui

غداً
demain

الصباح
le matin

الظهر
le midi

المساء
le soir

MO	TU	WE	TH	FR	SA	SU
1	2	3	4	5	6	7
8	9	10	11	12	13	14
15	16	17	18	19	20	21
22	23	24	25	26	27	28
29	30	31	1	2	3	4

أيام العمل
les jours ouvrables

MO	TU	WE	TH	FR	SA	SU
1	2	3	4	5	6	7
8	9	10	11	12	13	14
15	16	17	18	19	20	21
22	23	24	25	26	27	28
29	30	31	1	2	3	4

نهاية الأسبوع
le week-end

سنة
l'année

مطر
la pluie
قوس قزح
l'arc-en-ciel
ثلج
la neige
ريح
le vent
الربيع
le printemps
الخريف
l'automne
الصيف
l'été
الشتاء
l'hiver

4.APRIL 11°
5.APRIL 4°
6.APRIL 13°
7.APRIL 8°
8.APRIL 10°

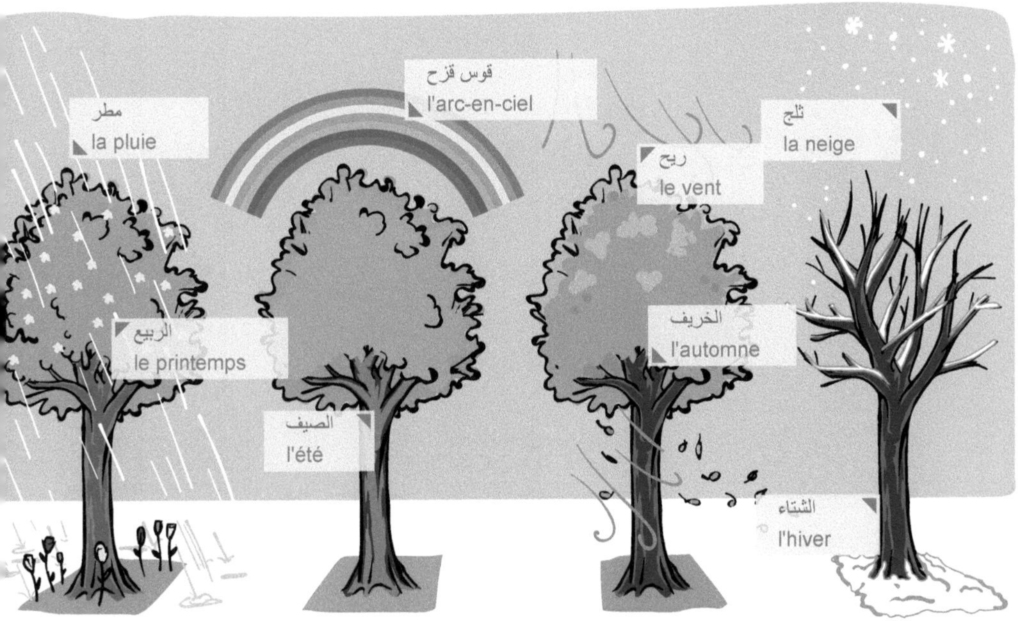

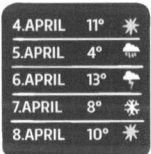

التنبّؤ بالحالة الجوية
....
la météo

F
C
120
90
60
30
0
-30
40
30
20
10
0
-10
-20

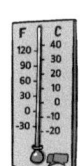

مقياس حرارة
....
le thermomètre

ضوء الشمس
....
la lumière du soleil

سحابة
....
le nuage

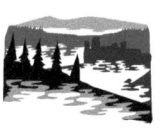

ضباب
....
le brouillard

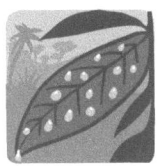

رطوبة الجو
....
l'humidité

برق

la foudre

رعد

la tonnerre

عاصفة

la tempête

بَرَد

la grêle

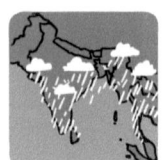

ريح موسميّة

la mousson

طوفان

l'inondation

جليد

la glace

كانون الثاني / يناير

janvier

شباط / فبراير

février

آذار / مارس

mars

نيسان / أبريل

avril

أيار / مايو

mai

حزيران / يونيو

juin

تموز / يوليو

juillet

آب / أغسطس

août

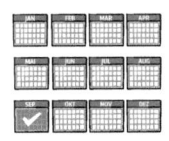

أيلول / سبتمبر
....
septembre

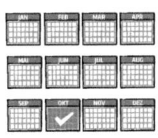

تشرين الأول / أكتوبر
....
octobre

تشرين الثاني / نوفمبر
....
novembre

كانون الأول / ديسمبر
....
décembre

أشكال

les formes

دائرة
....
le cercle

مربّع
....
le carré

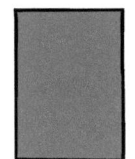

مستطيل
....
le rectangle

مثلّث
....
le triangle

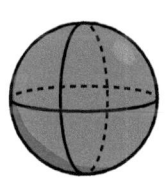

كرة
....
la sphère

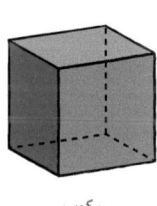

مكعب
....
le cube

les couleurs

أبيض

blanc

أصفر

jaune

برتقالي

orange

وردي

rose

أحمر

rouge

بنفسجي

violet

أزرق

bleu

أخضر

vert

بنّي

marron

رمادي

gris

أسود

noir

les oppositions

كثير / قليل

beaucoup / peu

غضبان / هادئ

fâché / calme

جميل / قبيح

joli / laid

بداية / نهاية

le début / la fin

كبير / صغير

grand / petit

فاتح / قاتم

clair / obscure

أخ / أخت

frère / soeur

نظيف / وسخ

propre / sale

كامل / ناقص

complet / incomplet

نهار / ليل

le jour / la nuit

ميت / حيّ

mort / vivant

عريض / ضيّق

large / étroit

صالح للأكل / غير صالح

comestible / incomestible

شرّير / لطيف

méchant / gentil

مثير / ممل

excité / ennuyé

سمين / نحيف

gros / mince

أولا / أخيراً

le premier / le dernier

صديق / عدو

l'ami / l'ennemi

مليء / فارغ

plein / vide

صلب / لّين

dur / souple

ثقيل / خفيف

lourd / léger

جوع / عطش

faim / soif

مريض / صحيح

malade / sain

غير شرعي / شرعي

illégal / légal

ذكي / غبي

intelligent / stupide

يسار / يمين

gauche / droite

قريب / بعيد

proche / loin

جديد / مستعمل

nouveau / usé

لا شيء / بعض الشيء

rien / quelque chose

مسنّ / شاب

vieux / jeune

يشعل / يطفئ

marche / arrêt

مفتوح / مغلق

ouvert / fermé

خافت / عالٍ

faible / fort

غني / فقير

riche / pauvre

صح / خطأ

correct / incorrect

أحرش / املس

rugueux / lisse

حزين / سعيد

triste / heureux

قصير / طويل

court / long

بطيء / سريع

lent / rapide

مبلول / جاف

mouillé / sec

ساخن / بارد

chaud / froid

حرب / سلم

la guerre / la paix

أرقام

les nombres

0

صفر

zéro

1

واحد

un / une

2

اثنان

deux

3

ثلاثة

trois

4

أربعة

quatre

5

خمسة

cinq

6

ستة

six

7

سبعة

sept

8

ثمانية

huit

9

تسعة

neuf

10

عشرة

dix

11

أحد عشر

onze

12

اثنا عشر
douze

13

ثلاثة عشر
treize

14

أربعة عشر
quatorze

15

خمسة عشر
quinze

16

ستة عشر
seize

17

سبعة عشر
dix-sept

18

ثمانية عشر
dix-huit

19

تسعة عشر
dix-neuf

20

عشرون
vingt

100

مائة
cent

1.000

ألف
mille

1.000.000

مليون
le million

les langues

الإنكليزية

l'anglais

الإنكليزية الأمريكية

l'anglais américain

لغة ماندارين الصينية

le chinois mandarin

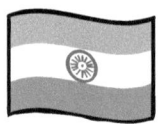

الهندية

le hindi

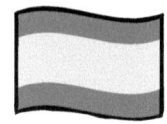

الإسبانية

l'espagnol

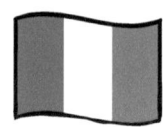

الفرنسية

le français

العربية

l'arabe

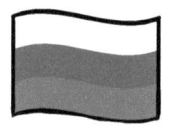

الروسية

le russe

البرتغالية

le portugais

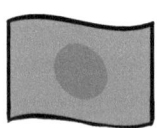

البنغالية

le bengali

الألمانية

l'allemand

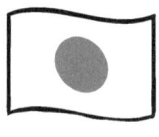

اليابانية

le japonais

أنا

je

أنت

tu

هو / هي

il / elle / ce, c', cela

نحن

nous

أنتم

vous

هم

ils / elles

من؟

Qui ?

ماذا؟

Quoi ?

كيف؟

Comment ?

أين؟

Où ?

متى؟

Quand ?

اسم

le nom

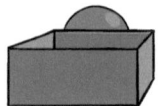

خلف

derrière

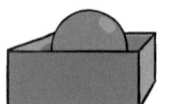

في

dans

أمام

devant

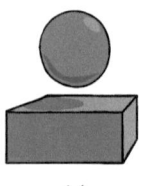

فوق

au-dessus

على

sur

تحت

en-dessous

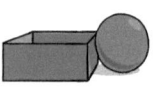

جنب

à côté de

بين

entre

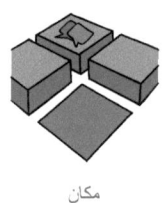

مكان

le lieu